SHODENSHA
SHINSHO

中韓が繰り返す「反日」歴史戦を暴く

ケント・ギルバート

祥伝社新書

本書は、二〇一七年に単行本にて刊行された『中韓がむさぼり続ける「反日」という名の毒饅頭』（悟空出版）に加筆・修正を加えて新書化したものです。

新書改訂版・はじめに

「偉大な皇帝」習近平《しゅうきんぺい》

本書は、二〇一七年の終わりに出版した『中韓がむさぼり続ける「反日」という名の毒《どく》饅頭《まんじゅう》』（悟空出版）を改題し、内容を全面にわたって改訂したものです。

この二年間で、中国、韓国、アメリカや北朝鮮、そして日本を巡る状況は大きく変化しました。

習近平国家主席は一八年三月に憲法を改正して事実上の「皇帝」と化し、世界の恐怖感は一層強まりました。中国人民も恐らく内心ではそうでしょう。これに対してアメリカは、中共（以降、本書では中国共産党が支配している中華人民共和国を指し示す際は「中共」と表記します）による知的財産の盗み出しが、再三の抗議にもかかわらずまったく改善されないことを理由に、鉄鋼製品を皮切りとして関税を上乗せしたり、ＡＩや通信などの技術から中国企業を除外したりし始めました。「米中貿易戦争」と呼ばれる争いの始まりで、ご承知の通りこれは何度かの「休戦状態」を挟みながら、現在も進行しています。ただし中共は、日本との関係では、やや不気味な感じもしますが最近反日色を弱めています。ここには対米関係で不利な中共側の苦悩が見えます。

一方、核とミサイルの開発に没頭していた北朝鮮は、一八年の初めから突然態度を翻《ひるがえ》し、平昌《ピョンチャン》オリンピックをきっかけに韓国に接近し、アメリカとの交渉を始めました。左派政権で北朝鮮との統一を最大の目標としているらしい韓国の文在寅《ムンジェイン》政権は、ここぞとばかりに平和ムードを演出し、米朝の仲介者として振る舞い始めました。また、シンガポールで史上初の米朝首脳会談も行なわれました。

しかし、南北の友好ムードもすでに消え去りました。米朝交渉には実質的な進展が見られず、二度目となるハノイでの会談では一切の取引なしにトランプ大統領は席を立ちました。今では、米朝交渉における韓国の存在感はほぼなくなりました。日米だけでなく、北朝鮮からさえも無視されているような有り様です。

こうした中、韓国では一八年一〇月、大法院（最高裁）で新日鐵住金（現・日本製鉄）

や、一一月に三菱重工業に元「徴用工」への損害賠償を命じる判決が確定し、一九六五年の日韓基本条約や日韓請求権協定で定めているはずの事柄を実質的に無効化し始めます。近いうちに、日本企業の在韓資産が現金化されるかもしれません。その他にも、一五年の「慰安婦合意」の実質無効化や韓国駆逐艦による海上自衛隊哨戒機への「レーダー照射」事件、日本の戦略物資三品目の対韓国輸出規制強化に対する「日本製品不買運動」や、それへの対抗措置としての日韓ＧＳＯＭＩＡ《ジーソミア》（軍事情報包括保護協定）破棄をちらつかせるなど、残念ながら予想通り、一直線に反日への道を進み続けました。

日韓はメディアでもさかんに史上最悪の状態だと言われていますが、日中関係は最近比較的安定しています。そこに反対するつもりはありませんが、私がこれまで中共の恐ろしさや残虐性を繰り返し強調してきたように、中共は決して気を許してはならない存在だと思います。

言い換えれば、韓国の反日など、いくら日本人が頭に来ても、よほどのことでもない限り放置しておいて構わないものなのに対して、中共が現在表面上反日色を抑えているからといって、決して油断してはいけない存在であり、「一帯一路」をはじめとする彼らの政策、そして他国に対する態度や考え方は、世界秩序を揺るがす危険なものです。二〇二〇年を迎える今も、この認識が大切なことにはまったく変わりありません。

不幸にして、あるいはラッキーなのかもしれませんが、私がしつこく強調しなくても、中共の恐ろしさを世界中にわかりやすく教えてくれる事態が進んでいます。香港《ホンコン》のデモとその取り締まりです。

私は二年前も、香港の民主化運動弾圧について触れました。約束したはずの五〇年間にわたる「一国二制度」、つまり「自由」「民主」「法の支配」の保障はまやかしであり、言論の自由は踏みにじられ、教育は乗っ取られ、政治には参加できず、返還以降中共の経済発展に利用されたあげく本土に飲み込まれようとしている危機と、香港の人々の苦悩について触れました。

香港のデモについては第二章で詳しく述べますが、中国本土への容疑者引き渡しを定める「逃亡犯条例」改正案への反対から始まった一九年のデモは、結果として、中共の皇帝、習近平の振る舞いを、実にわかりやすい形で全世界に示してしまいました。

私や読者の皆さんのような、普段からある程度世界の事情に関心の高い人であれば、以前からよく知っていたことです。しかし、香港で若い学生たちが戦う姿がテレビやSNSで繰り返し全世界に伝えられたことで、世界中の「普通の人々」に対して、中共と習近平の恐ろしさ、そして六四天安門《ろくしてんあんもん》事件（一九八九年）のような「鎮圧」に出ることもできず事態の収拾に苦労している失敗ぶりが、広く知られてしまいました。

二年前は私にも不安がありました。中国の経済成長力、そして巨大なマーケットは魅力的で、中共にいい顔をしておきたい国や指導者は少なくありませんでした。しかしいまや、世界の主要国で、中共と習近平を歓迎し、信頼している国などどこにもないでしょう。中共は、本当ならばもう何年かの間、注意深く隠していなければならなかった野心、野望を、うかつにも自分の実力や成長よりも早く、世界に示してしまったのです。

もし一〇年後、一五年後に現在のような事態になっていたとしたら、中共当局はマスコミや外国人をすべて香港から追い出し、インターネットを遮断して、ためらうことなく整然とデモ隊を皆殺しにして、闇に葬っていたかもしれません。

この状況は、日本の普通の人々にも同じです。漠然としていた中共への恐怖感が思いのほか早くはっきりと形になって現れ、現在の日本国憲法が頼っている「平和を愛する諸国民の公正と信義」が、少なくとも中共にはまったく通じないことを、香港の人々の恐怖を通じてはっきり悟ることができました。

これをチャンスとして生かし、憲法改正をはじめとする動きを進めるべきです。

このことを広く日本人に教えてくれた習近平は、恐るべき皇帝であると同時に、もしかしたら「偉大な皇帝」なのかもしれません。

何のために九条を改正するのか？

憲法改正での最も大切なテーマのひとつは、九条、そして「平和主義」を述べている前文をどう変えていくかです。これらアメリカから科《か》せられたペナルティが改正されない限り、日本の戦後は終わりません。

そのためには日本人が国防をどう捉え、考えていくのか、何から国を守るべきなのかを、まずはしっかり議論していただきたいと願っています。

議論すべき対象となるのは、ミサイルと核兵器の開発をやめようとしない北朝鮮だけではなく、習近平政権の中華人民共和国であることは誰の目にも明らかです。

北朝鮮は一七年まで、日本列島を越えて太平洋上に至る弾道ミサイル実験を、国際社会の非難と制裁にも動ぜず行なうという暴挙に出ています。Ｊアラート（全国瞬時警報システム）が発動し、北日本の広い範囲で早朝にサイレンが鳴りました。

実際のところ、日本全土を射程距離に入れている中国や北朝鮮の中距離弾道ミサイルは、ずっと以前から大量に配備されています。ですから、いまさらの話ではあるのですが、日本のすぐ近くに私たちの生活に手を掛けるかもしれない軍事的な脅威が確実にあるという当たり前の危機感が、やっと共有され始めたようです。

国防は、常に現実的で、最も重要なテーマです。金正恩《キムジョンウン》朝鮮労働党委員長の「功績」によって、そして習近平の失敗によって、これからは現実に即した憲法改正論議が進むでしょう。あとは、実際の改憲と防衛力の向上が日本をはじめとする東アジアの平和維持に貢献し、本物の危機になる前に間に合うことを祈るだけです。

本書では、中共とは何をしてきた政権なのか、中国とはどのような国なのか、またその存在が、これからの日本にとっていかなるリスクを孕《はら》んでいるかを考えていきます。また、北朝鮮と韓国が中国からどのような影響を受け、どうなっていくのか、日本がどう対処していくべきかについても、同時に考察したいと思います。

大切なことを先に書いておきます。中共と彼らが支配する中国は、その創設、建国当初から、恐るべき戦争犯罪を重ねてきました。ちなみに、国同士が対立して軍人同士が殺し合うことは「戦争」であって、何百万人の軍人が戦闘で死のうとも「戦争犯罪」ではありません。ここで私が「戦争犯罪」の言葉で示したいのは、平時と戦時を問わず、民間人を犠牲にする虐殺行為です。

大東亜戦争で米軍は、日本全土への無差別空襲や原爆投下という戦争犯罪を繰り返しましたが、戦勝国なのでこの罪は裁かれませんでした。もちろん非人道的な犯罪行為であり、当時日本はアメリカの敵だったというだけですべてが正当化されるものではありませんが、建前として米軍は、米国民の命を守るために、日本国民の命を犠牲にしたのです。

一方、中共率いる中国は、自分たちの利益と生き残りのためなら、中国人同胞の生命でさえ犠牲にします。後に詳述しますが、極めて残忍な方法で同胞の命を奪うことすらためらいません。まさに、非人道的な戦争犯罪国の極致です。

金正恩は確かに厄介者です。でも、北朝鮮は所詮《しょせん》、貧しくて小さな国にすぎません。核兵器とミサイルだけが彼らの唯一の自慢なのです。ですから、憲法九条をどうするかを考えるときに日本国民が向き合わなければならない最大の現実は、中国共産党の脅威なのです。このポイントが早く日本国民全員に共有されることを祈ります。

「ケントはヘイトだ!」と叫ぶ人たちこそ「ヘイトだ」

本題に入る前に、もうひと言だけ付け加えておきます。

最近、私の著書や意見に対して、「ヘイトスピーチだ」、「ヘイト本作家だ」、「ケントはネトウヨ化した」などと批判されることが増えました。幼稚な言いがかりに呆《あき》れています。

私は、人種差別を絶対にしたくありません。ヘイトスピーチなどしたくもありません。ところが、私が中共や北朝鮮、韓国などを批判したり、総体としての中国人や韓国人について、その文化や考え方、社会のあり方に対する意見を述べたりすると、そのこと自体が「ヘイトスピーチ」とか「嫌中・嫌韓」と呼ばれるのです。これは理解できません。

こうした決めつけ、レッテル貼りをしてくる人たちは、大きく分けてふたつのグループに分類できます。

まず、私はいつも事実と論理に基づいて議論と批判をしているのに、その内容を詳しく検証することなく、感情論で脊髄《せきずい》反射のように「差別」と決めつけ、またはわざと論理をねじ曲げて、「ヘイト」などとレッテル貼りをする人々です。今回私がこの本で主として批判するのは、現在の中共が支配する中国、すなわち「中華人民共和国」です。英語で言えば「People's Republic of China（PRC）」です。中共の一党独裁がもたらす内政的な腐敗と人権無視、国際社会で現実に行われている傍若無人な振る舞いを私は嫌悪していますが、そこに住む中国人という民族全体を嫌悪しているわけではありません。

冷静に考えてみてほしい。現在の中国に暮らす人々の大半は、不平不満を言うことも許されず、本当の情報は遮断され、常に洗脳まがいのプロパガンダばかりを見せられています。政治に参加する機会もなく、一方的に中共にピンハネされ、仕事では賄賂《わいろ》を強要されています。もし中共に不満を抱く反乱分子と見なされたら、ある日突然拘束されて、裁判も受けずに人知れず抹殺されるかもしれない。香港の現状を見れば、あとは説明不要でしょう。そんな一般の中国人のことが、私はとても気の毒だと感じ、だからこそ中世の暗黒社会のような国家体制を批判するのです。そんな私に対して、「ケントはヘイトだ！」と言えば、彼ら一般の中国人は、香港で戦っている人たちは、少しでも救われるのでしょうか。

そして、私をレイシスト呼ばわりすれば、史上最悪の戦争犯罪国家と化している中国の指導者が態度を改め、中国が民主的な近代国家へと脱皮するのでしょうか。さらに、犯罪国家の隣にあって大きなリスクに晒《さら》されている日本人が少しでも救われるのでしょうか。私に「ヘイト」の言葉を投げつける人々が、世の中から差別や人権侵害やヘイトスピーチを本気でなくしたいと考えているのなら、本当に批判すべき最大の相手は中共だと言いたい。

人間関係を築くときに、人種や国籍、出身国、宗教や性別などを、私は気にしません。これは一九五二年生まれの私が育った時代の影響もあると思います。六三年、小学校六年生のときにケネディ大統領が暗殺され、翌年に彼が推進していた公民権法が制定されて、「人種差別をしてはいけない」と、それこそ徹底的で洗脳に近い「差別撲滅教育」を受けた世代なのです。もっとも、それがなくても、差別意識の少ない子どもでしたし、大人になったいまも、差別を倫理的に受け入れられません。

差別を行う人たちは、それによって自身の地位や名誉、プライドが守られると信じている印象ですが、私の考え方は真逆です。差別を行なう人たちは、自身の人間性を自ら攻撃し、貶《おとし》めています。哀《あわ》れみと蔑《さげす》みを受ける行動を自ら選択しているのです。したがって、私は沖縄で私的検問を設置し、アメリカ兵に向かって「Ｄｉｅ！　Ｄｉｅ！（死ね！死ね！）」と叫んでいる人たちには怒りや憎しみも覚えますが、いちばん強く感じることは、彼らの不幸な人生に対する哀れみです。

実は差別の問題は根が深くて、欧米でのテロ事件は大きく報じるいっぽう、それ以外には冷淡で、くだらない芸能ニュースを好んで伝えているマスコミの姿勢も、人種差別を行なっていると言えます。もっと厳しいことを言いましょう。フランスやドイツでテロが起きればフェイスブックやインスタグラムに追悼コメントを書き込むのに、シリアやレバノン、アフガニスタンでのテロ、アフリカの貧困には同情を寄せない多くの日本人やアメリカ人も、無自覚のうちに人種差別をしていると言えるのです。もっとも、人間が大事なもの、守りたいものに無意識のうちに優先順位をつけるのは本能であり、その行動を責めたいわけではありません。ただ、「差別反対」を声高に叫ぶ人々に、その言葉の持つ意味をどこまで理解したうえで発信しているのか、問うてみたいのです。

私の発言が批判や攻撃を受けやすい理由は、日本人の傾向に一因があるとも思います。日本人は潔癖症なのか、複数の議題や論点があるときに、すべての主張が一致している人だけを「仲間」と考えます。対立点がひとつでもあると、たちまち「敵」と見なして、攻撃を始めがちです。

日本社会でうまく生きていくには「空気を読む能力」が必要不可欠ですが、あえて厳しい言葉を使うなら、それは日本に「村社会のような全体主義的傾向」が残っている証拠です。そして意見が一致しない人間から発言機会を奪おうと試みる人がいますが、これは民主主義社会ではけっしてやってはいけないことです。また、自分の意見をたったひとつ否定されただけで、人格や人生を全否定されたかのような気分になる日本人が意外と多い。それですぐ感情的になり、理性を失って、本題と無関係な人格攻撃を始めてしまいます。まさに『朝まで生テレビ！』でよく見られる光景ですが、あれは議論や討論ではなく、口喧嘩でしょう。これから憲法改正をどうするのか考えなければならないのですから、そろそろ健全で活発な議論が成熟していくことを期待したいものです。

もうひとつのグループ、私を「ヘイト」だと決めつけて批判する人たちの本音は、意見の違う人間を黙らせたいということでしょう。ネット上ではよく「アメリカに帰れ」とも言われます。これは、議論や批判を封殺することと何ら変わりません。それこそがヘイトスピーチであり、民主主義と自由主義の否定です。意見の違いを許容しないのですからね。ましてネットの向こう側に姿を隠し、SNSやコメントの書き込みを通して、自分のプライバシーは守りながら、事実に基づく議論は行わず、人格攻撃ばかり書き連ねる人々は、「自分は無能で恥知らずな全体主義者だ」と自供しているようなものです。

なかには日本やアメリカを敵と見なす国家と関係の深い連中もいるでしょう。私はたまに、ツイッターなどで絡《から》んでくる工作員らしき連中の相手をして、からかっています。プロフィールで「自分は古い武家の高貴な家柄だ」と自慢していたり、「叔父が七三一部隊で人体実験をやったから自分は反戦主義者になった」と語ったりするなど、史実や日本人の気質を知らない無茶な設定の「成《な》りすまし工作員」たちは笑えます。しかし、なかには歴史や国際法にも詳しく、日本語だけでなく英語も堪能な優秀な工作員もいます。表に出ないで、我々が気づかない工作を密かに進めている連中はもっと多いでしょう。

以前にも、青山繁晴《あおやましげはる》氏の名前でユーチューブを検索しても動画がヒットしないことが話題になりました。ちなみに私も、『夕刊フジ』のネット記事が検索結果に表示されなかったり、論文の内容を印刷過程で改ざんされたりした経験などがあります。日本にはスパイや工作員がたくさんいるということです。

さて、私は主に二十世紀の歴史の真実を、日米両国の書籍や資料から解き明かしたいと努力している在日アメリカ人ですが、当然すべてを知っているわけではないし、間違って認識していることもたくさんあるはずです。それに対しては、その都度、議論や批判をしてほしいと思います。私にとっても勉強になりますし、同時にそれが、当事国の国民的な議論につながっていけばいい。それこそが自由な議論が許される民主主義国家の根幹なのです。

この本が、日本の未来を守る改憲論議の一助になることを願います。

目次

第二章　中華人民共和国の成り立ち
――人権弾圧と歴史捏造の国

第三章　中華人民共和国の侵略史
――暴力と侵略を正当化してきた国

第四章 韓国

——歴史を覆してまで「反日」を唱えねばならない国

第五章

いまこそ日本は覚悟を決めるとき

編集協力／増澤健太郎

第一章

米中貿易戦争

——世界中で嫌われる中共

中共に屈したNBAと、ナイキに怒ったアメリカ人

二〇一九年、いまのアメリカと中国の関係をはっきりと映し出す、とても印象的な出来事がありました。

すでに述べたとおり、中国本土への容疑者引き渡しに反対する香港のデモは広く世界の人々から支持され、中共や香港政府を批判する声が高まりました。そのさなか、同年一〇月に、NBA（米プロバスケットボール協会）に所属する人気チーム、ヒューストン・ロケッツのダリル・モーリーゼネラルマネージャー（GM）の発したツイートが話題を集めたのです。

報道によるとモーリーGMのツイートは、「Fight for Freedom. Stand with Hong Kong（自由のために戦おう。香港を支持しよう）」というものでした。まさにその通り、中共の工作員でもない限り、どこからも否定しようがない意見です。

しかし、NBAは現在中国本土で大変な人気があります。数億人の熱心な視聴者がいて、NBAはこのマーケットに大きな魅力を感じています。そして一〇月は、実際に上《シャン》海《ハイ》でプレシーズンマッチが行われようとしているタイミングでした。

中共としては、強硬手段にも出られず、かといって引き下がるわけにもいかない香港問

題への対応に苦慮しているさなか、数億の人民が注目しているスポーツの人気チームのGMに香港への支持を言われてはたまりません。モーリーGMのアカウントには中共の影響を受けているであろう反論ツイートが殺到し、中国国内でのNBAに関するイベントは続々中止されていきました。ちょうど、一六年に韓国がアメリカのTHAAD《サード》ミサイル配備を決めた際、暗黙のうちにさまざまな韓流芸能人のイベントやドラマの放映が中止されていった、いわゆる「限韓令《げんかんれい》」にそっくりの展開です。

良くないのはNBA側の対応です。何と、モーリーGMはツイートを撤回し、謝ってしまったのです。中共側からモーリーGMを解雇するよう圧力がかかったことも報じられ、NBA側は自由を守るために戦っている人への支持よりも、放映権やグッズの収入を優先させたことがはっきりしてしまいました。

今度はアメリカ人が怒り出す番です。共和党だけでなく民主党の議員や支持者も強い不快感を示しました。実はNBAという団体は、以前から左翼的、反アメリカ的と批判を受けていました。星条旗に対して敬意を表わせず、国家も歌わずに膝《ひざ》をつく行為がその例です。この発端は、警官による黒人射殺や過剰暴力などへの抗議としてNFL（ナショナルフットボールリーグ）のコリン・キャパニック選手が始めたパフォーマンスですが、やがてスポーツ界における反トランプ運動の象徴になっていきました。

しかし、アメリカ国内での議論であればまだしも、アメリカを象徴するスポーツ団体が、中共に簡単に屈したことには、さすがにアメリカ人が怒りました。

もうひとつ、強く批判されたのはナイキです。ナイキはＮＢＡのオフィシャル商品を手がけていて、中国国内でもＮＢＡ人気のおかげで大きなビジネスをしているのですが、北《ペ》京《キン》のショップからロケッツのグッズを引き上げるという暴挙に出たのです。

ナイキはアメリカを代表するブランドのひとつであり、人種や人権の問題に取り組む企業として知られ、また支持されてきたのですから、自由と人権をまさにいま踏みにじっている中共にこびを売るかのようなビジネスのやり方には、アメリカの消費者が非常にネガティブな反応を見せました。ナイキはブランドイメージを相当失ったはずです。

私はこの一連の出来事に、大きな変化を感じました。

中国でのビジネスに魅力を感じて政治的に妥協する行為を、あるいは妥協を迫る中共を、もう一般のアメリカ人は、トランプ支持であろうとなかろうと許さないということです。あるいは、自由や正義を守るためなら、中国市場から得られる利益を手放すこともコストとして受け入れるという世論が形成されたとも言えるでしょう。

そして、中共はケンカを売る相手を間違えました。もはや一般のアメリカ市民であれば、積極的にトランプ大統領を支持していなくても、彼の対中国政策、いわゆる米中貿易戦争については間違っていないと感じるでしょう。

トランプの反中は安倍外交の功績

トランプ大統領の反中政策は広く支持されることになりましたが、実はもともとトランプ大統領を中国と正面から戦うファイターにさせたのは、他でもない、日本の安倍晋三《あべしんぞう》首相です。

つまり現状、アメリカでも、世界においても、「反トランプ」が一定程度存在しているにもかかわらず、米中貿易戦争には批判が少ないのは、安倍外交のおかげなのです。

トランプ政権で二〇一七年八月まで首席戦略官を務めたスティーブ・バノン氏が来日した際、私の友人が講演を聴きました。そこでバノン氏が語ったことは、安倍首相の戦略的外交の勝利を物語っていたのです。

トランプ氏は大統領選の間も、その直後も、日本と中国をともにアメリカに貿易不均衡をもたらし、損をさせている、同じようなアジアの国と見ていました。いまでは信じられ

2016年11月17日、ニューヨークのトランプタワーで会談する次期大統領となるドナルド・トランプ氏と安倍晋三首相。（共同通信社提供）

ませんが、日中を一緒にしていたのです。

この認識を変化させたのは、大統領に当選した直後、世界中の指導者に先駆けてニューヨークのトランプタワーを訪ねた安倍首相でした。会談時間は一時間半に及びましたが、そのうち八〇%は、安倍首相が中共の脅威をトランプ氏にレクチャーしていたというのです。両者は打ち解け意気投合しただけでなく、トランプ氏は初めて日本と中共率いる中国の違いに気づいたといいます。

トランプ氏も、恐らくその他大勢の一般アメリカ市民も、これまで中共の脅威についてしっかり考えたことはなかったはずです。それが、わずか数年で根底から変わったのですから、安倍首相の功績はいま以上に、今後の歴史において高く評価されるに違いありません。これ以降、トランプ大統領は米中が互いに関税を掛け合うという、アメリカが絶対に負けないゲームを開始し、ファーウェイなどの怪しい中国企業を追い出し、中共の海外におけるスパイ養成施設の疑いが濃厚な孔子学《こうしがく》院《いん》も事実上禁止しました。すべて安倍首相のおかげなのです。

中共はソ連よりもはるかに強敵だ

なぜ安倍首相は評価されるべきなのでしょうか。私は、中共という存在が、旧冷戦時代のソ連よりもっと深刻な脅威であり、そのまま放置しておけばアメリカとその同盟国が貿易戦争に敗れかねない危険すらあったところを、勇敢に、そしてタイミング良く転換させた立役者だからだと考えます。

一九八九年、アメリカを中心とした西側の「完勝」で終わった東西冷戦ですが、現在の中共との「戦い」と比較すると、いくつかの明らかな違いがあることに気づくはずです。

ソ連を中心とする東側諸国と、アメリカを中心とする西側諸国は、初めから経済的交流が極めて乏しく、技術の移転も厳しく制限されたなかで競争をしていました。軍事的にはライバルでも、経済的には互いに存在していないも同然だったわけです。相手に打ち勝つためには、核兵器や長距離弾道ミサイルといった戦略的な武器の開発、および相手側の無力化を考えていれば良かったし、相手を有利にさせないためにも経済的、技術的な交流は強く抑制されるべきだと考えられていました。

東側諸国は、温度差はあっても共産主義を「純粋」に信奉していましたから、西側にとってはプロパガンダが有効でした。結果、東西の経済格差があまりにも広がりすぎたこと、そして共産主義では豊かになれないことに東側の人々が気づき、やがて内部から崩壊を招いたわけです。

中共はこの出来事をよく研究しています。

中共は、本書で詳しく述べていく通り、自身の失敗とソ連の行く末を見て、共産主義を事実上「放棄」しています。「社会主義市場経済」という特異なドグマを作り出し、軍事的野心を慎重に隠して西側諸国に友好的な態度を示し、巨大な人口を生かしながら世界各国と経済的に交流して、ともに発展していくように「見せかける」ことに成功しました。

ソ連や東側諸国とは違い、自由主義各国とサプライチェーンで結ばれ、自国の市場で西側企業がビジネスをすることを許しながら、注意深く技術とノウハウを吸収し、盗み出し、自国に有利になるよう為替を操作しながら、不要になった外国資本を追い出し始めたのです。さらに、自国企業を保護するために、外国資本にアンフェアな規制を掛けるようになりました。

アメリカでは、おそらく安倍首相がトランプタワーにやってくるまで、多少中共に怪しい意図があったとしても、経済的に豊かになればゆるやかに民主化していくだろうと楽観的に考えている人が多かったのです。しかし実際、中共は逆に世界経済で市場を奪い、蓄えた経済力を軍事力に転換し、気づかれないうちにどの国からも干渉されない状態になることを目指していました。それこそが、習近平の繰り返していた「中国の夢＝中華民族の偉大なる復興」の正体だったのです。

中共は、経済を資本主義的に高度成長させながら、それを共産党独裁のもと一元的にコントロールすることに成功した世界で初めての国です。彼らの軍事費の増大、軍事力の強化だけが、またはファーウェイだけが脅威なのではなく、それらは中共という約一四億人の人口を持つ大国そのものとして、一体的、有機的に動いているわけです。当然、対処するためにはアメリカすべてが目を覚ますだけでなく、自由主義各国が本気で結束しなければならないわけです。

安倍首相は、中共が決定的な成長を遂げ、誰も対抗できない強力な帝国となる前に、この重要性をアメリカに気づかせたのです。

貿易戦争の当初、中共側は、アメリカの振る舞いを、自由貿易を軽視するものとして批判しました。このもっともらしい意見に同調する動きも見られました。しかしいまとなっては、むしろ孤立の度合いを深めています。法治国家ではないこと、腐敗と怪しげなコネクションに満ちていること、そして宗教の自由や人権の軽視、無視……よく考えれば始めからわかっていたことなのですが、中共は恐るべき「独裁国家」だったわけです。香港の事態は、それを決定的に「見える化」しました。

いまや、戦いはトランプ大統領にとって極めて有利に進んでいます。中共の軍事的脅威がアメリカと同盟国側の力と均衡する前に、そして中国の経済規模が完全に世界経済を左右する時代になる前に仕掛けることができたおかげです。ここまできたら、もうトランプ大統領も引くに引けません。

「反トランプ」でも反中は支持している

非常に面白い現象があります。ロシア疑惑やウクライナ疑惑、そして弾劾《だんがい》調査へと進んでいるトランプ大統領に対する評価が、支持政党によって大きく分かれていることはご存じの通りです。世界的にも同じようなものでしょう。

ところが不思議なことに、トランプ大統領の対中政策は、実に広く支持されているのです。共和党であろうと民主党であろうと、官僚も財界も産業界も、さらに農業界や労働組合の人々でさえ、「汚《きたな》いやり方でアメリカに赤字をもたらす」中国、「アメリカから奪った利益で大きな顔をし始める」中共をはっきり嫌っています。

一般に、ビジネスの面で中国マーケットとかかわっていた財界は、米中貿易戦争を敬遠したい傾向にあることは確かです。ただそれでさえ、中共側の本音が外国資本を利用するだけ利用したあとは難癖《なんくせ》を付けて追い出すことにあることが広く知られたいまでは、超大国化する前に中国から撤退することを、中共をこれ以上増長させないコストとして考えられる新しい常識へと変化しました。同時にこの動きによって、いくらかの仕事がアメリカ本土に戻ってくることにもなりますから、労働界も歓迎します。

詳しくは第三章で述べますが、中共が、第二次世界大戦以降の世界秩序を乗っ取るために始めた、発展途上国への資金のばらまきや、ＡＩＩＢ（アジアインフラ投資銀行）に象徴される「一帯一路」もうまくいっていません。正確には、うまくいく前にアメリカがブレーキを掛けることに成功したわけです。

ＡＩＩＢに設立当初からはっきり距離を置いた主要国は日米だけです。ヨーロッパなどの各国は、中国マーケットの魅力と安全保障上のリスクを天秤にかければ参加しておいたほうがメリットがあると考えていたのです。しかし、いまＡＩＩＢに目立った動きは見られません。イギリスも大陸ヨーロッパ各国も、ＡＩＩＢ設立当時のような危うい態度からは脱しています。

同時に、「一帯一路」の名の下《もと》に、軍事や資源の戦略において重要な発展途上国を補助金漬け、債務漬けにして実質的に植民地化しようとする中共の試みも、もはや全世界が知るところとなりました。スリランカ、パキスタン、モルディブ、タジキスタンなど、例をあげれば切りがありません。最近ではソロモン諸島でも怪しい動きが見られたことは記憶に新しいところです。

もはや、アメリカ国内だけでなく、世界が中国を警戒し、嫌っています。もうトランプ大統領の反中的政策を正面から批判する声はほとんどなくなりました。習近平は、残念ながらあと一歩のところで世界をだましきれなかったのです。

中国はサプライチェーンから外される

米中貿易戦争は完全にアメリカのペースで進んでいます。中共は自身の権威ができるだけ傷つかないよう注意しながら、しかし人民を支配する原動力となってきた経済成長を大きく鈍化させるわけにもいかず、そのためにはアメリカや同盟国との関係を現時点でやめるわけにもいきませんから、基本的にはアメリカが主導権を握っています。

一九年の終わりにかけ、米中間ではいったん段階的な関税撤回に関する合意が形成されつつありましたが、トランプ大統領は「香港人権・民主主義法案」にサインして成立させ、香港の人々を側面から支えつつ、さらに中共側にプレッシャーを掛けようとしています。つまり、アメリカの気が変わればいつでも破棄してしまって構わないわけです。

もしも中共側が強力に抵抗してきたらどうなるでしょうか。可能性は極めて薄いと思いますが、万が一香港で六四天安門事件のような事態が起これば、アメリカは軍事的には応じないにせよ、即座に一〇〇%関税をかけ、中共と中国経済を追い込むことができるでしょう。

そうではないとしても、すでに世界中の国や企業が中共のリスクを認識したいま、いつまたトランプ大統領が強力な対中攻勢に出るかわからないわけですから、賢明な経営者であれば中国からできるだけ距離を置き、可能ならば離れようとするでしょう。生産拠点を引き上げ、技術は渡さず、モノを売れる間はせいぜい輸出する、といった程度の関係性にとどめようとするでしょう。

これは、中国をサプライチェーンから外す行為、あるいは中国はないものとしてサプライチェーンを再構築する行為です。これは、トランプ大統領がわざわざ旗を振るまでもなく、いつの間にか自然に、当たり前のように進んでいくでしょう。

やがては、東西冷戦の「鉄のカーテン」のような状態が、中共とその他の国の間に築かれるでしょう。そして今後長い競争の末、やがて中共は経済的に敗れ去っていく――恐らくここまでの流れはすでに確定的になったのではないかと思います。

中共の軍事力、経済力は、現時点でアメリカや同盟国をしのぐものではありません。しかし、戦争はお互いにロスが大きすぎ、双方ともしたいとは思わないでしょう。そこで、もし米中貿易戦争の合意ができなければ、時間を掛けてでも中共を自由主義陣営から切り離し、なるべく経済交流をしないようにして、かつて東側に打ち勝ったような戦いに持ち込む必要があるでしょう。二〇二〇年は、その入り口の扉をくぐる年になりそうです。

トランプでなければできなかった英断

私は、ドナルド・トランプという政治家がもしいま、アメリカ合衆国大統領ではなかったとしたら、一体米中関係は、世界はどうなっていたのかと考えるたびに、恐ろしくなります。

というより、ドナルド・トランプ氏はそもそも政治家ではありません。政治家が持っている事なかれ主義的な立ち振る舞いもしませんし、紙に書いたような正義を偉そうに押し出したりもしません。再選のためにこびへつらったりもしません。政治家ではないため、別に落選しても失業するというわけではありません。アメリカの国益を最優先したいだけです。

そのため、批判勢力には正面から立ち向かうことができます。その態度を批判する人は少なくありません。しかし巨大化、帝国化する中共に対しても、ひるむことなく、まして忖度《そんたく》などまったくせずに、徹底的に争うことができたのは、トランプ大統領ならではの「偉業」であり「英断」だったと、すでに現時点で断言していいでしょう。

だいたい、全米の通信網などからファーウェイをはじめとする中国企業を排除するなど、金銭的、時間的コストを考えれば、到底やり切れる仕事ではありません。まず民主党にはできませんし、共和党でもプロの政治家であればためらうでしょう。

中共もそれをわかっているからこそ、時間を掛けて、いつの間にか知られないうちにアメリカの生活インフラに深く浸透し、取り返しが付かないところまで入り込むつもりだったのでしょうし、すでにある程度はその目的を達していて、アメリカと交渉できると考えていたかもしれません。しかしファーウェイの孟晩舟《もうばんしゅう》最高財務責任者（ＣＦＯ）兼副会長が、イランとの取引の容疑でカナダ当局に逮捕されるなど、トランプ政権は一切容赦しませんでした。これは、表向きの理由以上に、アメリカの通信網をファーウェイに握られる前に立ち止まり、たとえいまから何年かかろうと中共の息のかかった企業は完全に排除する強い意志を示したものと考えるべきでしょう。

反対にヒラリー・クリントンが当選して、四年、あるいは八年経過した後なら、アメリカの通信内容はすべて中共側に筒抜けになっていたに違いないのです。

北朝鮮問題の本質は米中関係だ

トランプ大統領のおかげで失敗だらけの習近平ですが、今後は取引材料として北朝鮮問題への関与を強めてくる可能性が考えられます。

2019年2月27日、米朝首脳会談のあと、ハノイで夕食会場に向かうトランプ大統領と金正恩朝鮮労働党委員長。翌日、午後の予定はキャンセルされた。
（共同通信社提供）

米朝関係、米韓関係については主に第三章以降で整理しますが、中共は一九年、ハノイ米朝会談の「破談」以降まったくうまくいっていない米朝交渉に介入し、制裁に苦しむ北朝鮮を巧《たく》みに助けながら、米中関係のカードとして使ってくるのではないでしょうか。北朝鮮の視線では、中共の支援を改めて確認し、再び核やミサイルの開発に戻ってアメリカや日本を脅してくる可能性があります。

これは当然、将来の日朝交渉にも影響を与えるでしょうし、何よりも拉致被害者の救出に直結します。

そして北朝鮮問題には、もうひとつの面倒な反日国家である韓国の文在寅政権が最重要課題としてかかわっていますし、その進み具合によっては韓国の反日も一段と強まる可能性があります。

ところで、中共の脅威を論じる本書で、北朝鮮問題についても述べることには理由があります。北朝鮮問題の本質は、結局のところ、アメリカと中共の関係に左右されると考えているからです。日韓関係、日中関係、米朝関係、米韓関係、そして中韓関係などの切り口があり、漁夫の利を狙っているロシアの存在も無視できませんが、最終的にこの問題に決着をつけられる当事者は、どこまでいっても米中両国です。あるいは、米中関係を見ていれば北朝鮮問題はわかりやすいということも言えるでしょう。

本当は、アメリカも中共も、北朝鮮にはうんざりなのです。米中の言うことを聞かない駄々っ子のような金正恩が言いたい放題を続け、少しでも「金王朝」維持のための有利な条件を引き出そうと、時にはミサイルを放ち、時には平和の使者のような顔をしてあれこれチャレンジをしてくるのですが、始末の悪いことに国や軍の指導者としては素人と見るしかなく、「戦略的忍耐」などといって放置しておくのは危険です。

しかし、実際に排除するとなると、暗殺作戦や軍事行動に伴う直接的なコストと、民間人への被害だけでなく、実際に北朝鮮が「金正恩王朝」から解放された後、誰が二五〇〇万人もの、飢えていて、自由と民主主義に対する価値観を共有しておらず、現在のグローバル経済下で労働経験もない人たちを教育し、食べさせ、今後の面倒を見ていくのかを考えなければなりません。不幸にも北朝鮮に生まれてしまった人たちの人権を回復するという意味では好ましいことであっても、そのために必要となるコストを自国内で正当化できるのかについては、やってみなければわかりません。

したがって、アメリカも中共も、穏便にことが済むことを本音では願っているのです。アメリカがいったんは米朝交渉に応じたのもそのためです。この本質をあえて無視し、あたかも南北対話がバラ色の未来を招くかのように非現実的なプロパガンダをしているのは、文在寅政権に代表される韓国の左派だけといっていいでしょう。

北朝鮮問題を見ていくポイントは、そうした米中の力関係のなかで、お互いがどこまで譲歩できるのかです。これも、もし中国系やロシア系の企業や団体から寄付や政治献金を平気で受け取っていたヒラリー・クリントンが大統領になっていたら、おそらく相当アメリカが中共側に譲り、北朝鮮については共同で問題処理に臨《のぞ》むか、下手をすれば主導権を中共側に奪われてしまった可能性があります。

繰り返しになりますが、私はトランプ大統領を、予備選の頃から諸手《もろて》を挙げて支持したわけではありませんが、彼が大統領になって本当によかった点は、いい意味で中共の考えを「忖度」しないことです。トランプ政権は中国を無視はしないでしょうが、あくまで問題解決の主導権は離さず、自ら踏み込んだ上で、事後に中国に承認させるスタンスを取り続けています。変な交渉テクニックを使わず、アメリカに脅威が及ぼうとしている点をダイレクトに押し出しているので、中共としても反論が難しいのです。加えて、トランプ政権が北朝鮮問題に対処できていることは、国内での政権の信頼回復に直結しますし、その過程で中共から経済関係の譲歩を引き出してもポイントを稼げます。アメリカ側の米朝交渉に関する意外な本気を見せられて、中共はいったん焦《あせ》ったに違いありません。

ただし、そこから戦略を立て直すのも中共の手強いところです。北朝鮮問題についてトランプ政権が主導権を握りたがっている以上、そのまま一直線に走られてしまうと、中共はただ失うだけで何も残りませんが、いっぽうでアメリカをうまくコントロールできれば、中共は無駄なコストを負担することなく、この問題に決着をつけることができます。いまはそのチャンスを狙っているはずです。

アメリカは有志連合を作りたい

アメリカの本音は、今後万が一北朝鮮に対して軍事行動に出なければならない場合、イラク戦争や対ＩＳＩＳ（イスラム国）作戦などの例に見られるように、できれば有志連合を形成したいのです。

一七年八月、イギリスの新聞『デイリー・スター』が、イギリスはアメリカとすでに約束を交《か》わしていて、もしアメリカが北朝鮮に対して軍事行動を起こした場合、イギリス軍は原子力潜水艦や戦闘機、早期警戒機、特殊部隊などを派遣すると伝えました。同紙は大衆紙で信憑性には疑問が残りますが、もしこれが本当であれば、アメリカは国際世論をコントロールしやすくなります。実際、国連安保理の決議によって禁止されている北朝鮮の海上取引（いわゆる瀬取《せど》り）の監視に対しては、一八年以降、アメリカ、日本だけでなく、イギリス、フランス、カナダ、オーストラリア、ニュージーランドなどの国々が艦艇や航空機を派遣し、活動に当たっているわけです。韓国がここに加わっていないのは極めて不自然ですが、文在寅政権のこれまでの行ないを見れば、ある程度納得はできます。

こうしたなか、中共は将来アメリカが軍事行動を起こそうとすれば、最後までブレーキをかけ、同時に理解も示しながら実利を得ようとするでしょうが、最終段階になれば、ギリギリで手を握るでしょう。これはロシアも同じです。アメリカが軍事行動を決断し、後戻りしない決意を伝え、その枠組みをスムーズに形成しようと努力すれば、最後はバスに乗り遅れることを怖がって、すべての国が加わってくるでしょう。

ここで立場を厳しく問われるのは、言うまでもなく日本です。ホルムズ海峡での船舶護衛、海上護衛と同様、北朝鮮の脅威に直面していて、韓国とともに、最も声をあげ、汗をかかなければならない日本が、瀬取り対策と同様、すんなり有志連合に加わり、主導的な役割を果たせるのかどうか。それとも、中共やロシアの陰に隠れてしまうのか。日本人の本気の覚悟が問われる瞬間があっという間にやってくるかもしれません。

北朝鮮問題に関して、安倍首相が見せているトランプ大統領への絶対的な支持の姿勢は、極めて妥当です。

というよりも、残念な言い方になってしまうかもしれませんが、現在の日本の法制度下では、そのくらいしかできることがありません。拉致問題をどうにか進展させたくても、事実上打てる手は打ち尽くしてしまっています。憲法上の制約から、独自の軍事オプションを採ることが不可能な以上、アメリカ任せになることは仕方がありません。ただし、そのなかでも、トランプ大統領を助け、同時に拉致問題についてアメリカの世論を巻き込むことだけは、しっかりやっていただきたいと思います。そして韓国のように、変に中共を気にするような態度は一切見せないことが大切です。

そのうえで、この機に日本は、敵基地攻撃能力を真剣に検討しなければなりません。国防面でアメリカへの依存を減らしていくべきことは、もはや誰の目にも明らかです。

本当の戦争犯罪国家は中国だ

北朝鮮問題にどう対処していくのか、短期的にどうなるのかは、日本にとっても重要なテーマです。ただし、もっと中長期的な視点も忘れないほうがよいと思います。

北朝鮮がこれからどうなろうと、日本に対する中共の脅威には、直接的な、あるいは大規模な影響はありません。そして、わかりやすい形で無法者を演じてきた北朝鮮とは違い、中共はもっともらしい主張をしながら、その中身は史上最悪の戦争犯罪国家であり、人権を軽んじる独裁国家です。北朝鮮に生まれた人も気の毒ですが、近年こそ経済成長の恩恵を受けている中国人民だって、本当は実に気の毒な人たちなのです。香港を見れば、もう無視はできません。

北朝鮮は小さな国で、金正恩は金王朝の存続をひたすら願うだけの存在ですが（そのために選んだ手段が間違っていて自分の首を絞めているだけです）、中国は約一四億の人口を抱える大国で、さらには世界の支配を目論《もくろ》んでいます。習近平総書記（国家主席）の言う「中華民族の偉大な復興という中国の夢の実現」というフレーズを、改めて考えてみてください。これが具体的に何を意味しているのか。「中共による世界制覇の実現が私の夢だ」と言っているも同然です。

中共は、自らのために北朝鮮問題を利用しているクレバーな集団であると同時に、日本に対しても中期的、長期的な圧力を強めるため、ロジックに則《のっと》った戦術戦略を繰り広げています。

中華人民共和国と朝鮮民主主義人民共和国。この実態とかけ離れた名前を持つふたつの国は、表向きは常に革命を志向し、伝統に否定的な共産主義を掲げていても、実際には紀元前から伝わる儒教の悪い影響を、今日に至るまで色濃く残しているという共通点があります。

かつて金正恩が叔父や異母兄など年上の身内を次々に粛清していったことも、年齢によって絶対的に確定した上下関係を覆《くつがえ》す方法が他に存在しないという意味で、極めて儒教的な経過なのですが、同じようなことは中共が日常的に行なっています。習近平は権力を強めて独裁者のように振る舞い始め、自らが掲げている「新時代の中国の特色ある社会主義」を、マルクス・レーニン主義や毛沢東《もうたくとう》思想、鄧小平《とうしょうへい》理論などと同格に位置づけ、自画自賛しています。もはや新中華帝国の皇帝と呼ぶのにふさわしい独裁的振る舞いです。

そして、中国共産党の幹部や党員たちは、全人口の一割にも満たないのに、支配者として国に君臨しています。彼らもうかうかしていられません。習近平体制への忠誠を疑われたり、対抗勢力を標榜《ひょうぼう》し始めたりすれば、「腐敗」のレッテルを貼られて粛清されます。二〇一二年以来、すでに一五〇万人を超える共産党員が処分されたといいます。これを文字どおりの腐敗取り締まりと見ている人がどのくらいいるのでしょうか。

そもそも中国は、権力者に賄賂を贈らなければ仕事が何も前に進まないという伝統を二〇〇〇年以上も維持していますから、現代の特権階級である中国共産党員のなかで、腐敗していない人間など皆無に等しいのです。事実上は身内への引き締めと脅しであり、一方的に搾取される人民に対して、ストレスのはけ口を提供しているにすぎず、アメリカとの貿易戦争で自らの弱さがバレかねない習近平にとっては、反腐敗との戦いに「圧勝を収めた」という名目であらかじめ反抗の芽を摘《つ》んでおきたいという意図を疑わざるをえません。こうしたやり方は、金正恩体制の北朝鮮で朝鮮労働党が行なっている粛清や公開処刑と、本質的には何も変わりません。

なぜ、NHKや朝日新聞を筆頭とする日本メディアは、旧日本軍の悪行だと中国が主張するものや、北朝鮮で起きていることは問題視するのに、中国の数々の悪行はニュースで報じたり、特集番組で問題視したりしないのでしょうか。中共は「南京《ナンキン》大虐殺」で三〇万人の人民が日本軍に殺され、さらに「七三一部隊」は人体実験を行なったなどと、何も証拠を示さずに日本を責めています。

ところが中共は、大躍進政策や文化大革命、天安門事件など、自らが犯してきた数千万人規模の餓死や虐殺といった悲惨な歴史はすべて無視しています。法輪功《ほうりんこう》学習者や少数民族などから移植用臓器を無理やり奪う「臓器狩り」については、中共が主張する七三一部隊の人体実験など足元にも及ばない国家犯罪です。こんなむごたらしい虐殺行為が現在進行形で行なわれているというのに、日本の大半のメディアはこの問題に一切触れません。

日本に「侵略戦争の責任を取れ」と言って責め立て、国家間の約束を守ろうともしない韓国を擁護しています。日本と日本人のためにメディアの仕事をする意志がまったく感じられず、まるで敵対国の工作部隊のようです。

日本人はお人好しをそろそろやめるべきだ

はっきり言いますが、日本人は実にお人好しです。

結党以来、何度も崩壊の危機に直面しながら、最終的に中国共産党がいまの「栄華」に至ったのは、直接的、間接的な日本の「サポート」があったからです。

後に詳述しますが、中共のライバルだった国民党軍を弱体化させたのは日本軍です。おかげで中共は国共内戦で国民党軍に勝利して、大陸の支配権を手に入れます。そして日中国交回復を経て、一九七九年以降三兆円を超える対中ODAによって、日本は中国の発展を支えてきました。その結果は友好に結びつくのではなく、反日を目的とした歴史戦における罵詈雑言《ばりぞうごん》として返ってきました。さらに、数百発の中距離弾道ミサイルが日本に向けられ、中国海警局《かいけいきょく》の武装公船が尖閣《せんかく》周辺をうろつき、そして、沖縄の領有権を虎視眈々《こしたんたん》と狙っているのです。

実利的な話だけではありません。儒教の悪い影響からいち早く脱し、独自の発展を続けてきた日本人は、自分たちが悪くないことでさえ、丸くおさめるために謝るという習慣を形成しました。ですから日本人同士であれば、自分が謝ればたいてい相手も謝ってくれます。嫌なことはお互い水に流して忘れてしまい、「今日からまた仲よくしよう」という和解が、日本では当たり前に行なわれています。素晴らしい文化だと思います。しかし、これは地域的な慣習にすぎないので、中国人や韓国人に対しては通じません。

彼らは儒教の悪い影響を多分に残しています。自分に謝った相手は、罪を認めて自分に屈服したものと見なし、もっと足元を見てきます。そして次々に要求をエスカレートさせて、徹底的に利用します。日本の謝罪は「対立の終焉」を意味しますが、中韓の謝罪は「搾取の開始」を意味します。日本と中韓とでは「謝罪」の持つ意味がまったく違うのです。

さらに、中共のエリートが最悪なのは、自国の人民の幸福や人権などまったく考えていないことです。口ではもっともらしいことを言いますが、人民は、特権階級の自分たちが搾取する対象としか見ていません。不満が蓄積しても反乱に至らない程度にうまく搾取できればいいと考えています。そして知っておいていただきたいのは、自国民の幸福や人権を気にしていない中共が、日本人の名誉など意に介するはずがないということです。

一説によれば、中国国内では年間二〇万件を超えるデモが起きているといいます。しかし、外国人の目に触れやすい香港は例外中の例外であって、そうしたニュースが国内外に大きく伝わることもなければ、中共の支配体制が歪んだりもしません。私たちは香港のニュースの向こう側にある、チベットやウイグルで起きていることを考えるべきでしょう。いくら一四億人が暮らしているとはいえ、一日当たり数百件ものデモが起きている国は異常か、あるいは相当に不幸で不満が溜《た》まっているとしか言いようがありません。この事実の裏を返せば、国民国家であれば当たり前に保護され、尊重されるべき多くの人権が、中国では無残に踏みにじられているということです。

人命の重みも、自由な考えも、中共は重視しません。自由とは、むしろ中共の政治体制を脅かすものとして容赦なく規制・弾圧しています。まさに全体主義、ファシズム国家そのものであり、かつての日本の戦時体制や行動を批判する資格など、中共のどこにもありません。それなのに、日本人の多くが、中共からのくだらない批判を甘んじて受け入れてしまっているのです。事実関係を把握していて、論理的に思考できる人間であれば、「君たちに言われたくないよ」のひと言で終わる話ばかりです。

中共は本当に恐ろしい存在だ

北朝鮮と比べて、中共の恐ろしさがわかる事実があります。北朝鮮は、日本人拉致事件だけでなく、ラングーン爆破テロや大韓航空機爆破事件など、海外で数々の不法行為やテロ行為を働いてきました。

しかし、中共はこういった破壊工作はあまりやりません。なぜなのか、不思議だとは思わないでしょうか。

彼らは、テロ行為に訴える必要がないのです。大きな国であり、自国の経済力、経済圏を武器として使える中共は、北朝鮮のようなゲリラ的戦術で恐怖に訴えるよりも、むしろ謀略的な手段に出たほうが、リスクは小さく、得るものが大きいのです。北朝鮮が暴力や恐怖を武器に使うのに対して、中共は、特に近年になるほど、費用を惜しまず、知的な攻撃、謀略戦に力を注いでいるのだと思います。

先ほど、中共は南京大虐殺や七三一部隊で日本を責めながら、自国の残虐非道さには一切触れないと述べました。見方を変えてみましょう。中共は、「南京事件」や「七三一部隊」を大げさに騒ぎ立て、国連を動かして『世界の記憶（世界記憶遺産）』に登録するなど、あらゆる手を尽くしています。こうして、日本の過去を情報戦で攻撃することにより、自分たちの現在進行形の非道な行ないを秘匿《ひとく》することに見事に成功しています。つまり、何千年も前から謀略がお家芸の中国は、この分野の情報戦で日本を圧倒しているのです。

中共は近年、こうした謀略戦を、民族主義と強く結びつけようとしています。中国共産党大会でも、習近平総書記（国家主席）は「中国の特色ある社会主義の偉大な勝利」、「中華民族の偉大な復興という中国の夢の実現」などと述べました。彼には人権無視や戦争犯罪、国際法の軽視を反省する気などサラサラありません。それどころか、とうの昔に本当の意味での社会主義、共産主義は捨て去ったのに、日本をダシにしてかりそめの民族主義を強め、支配力をいっそう強めようとしています。

仮にいま、金正恩が過去の日本に対して反日的な言動をがなりたて始めたら、一般の日本人はどんな反応をするでしょうか。おそらく十中八九、「またバカなことを言い始めた」とか「何か意図があるに違いない」などと、まともに取り合わないでしょう。

では、同じことを中共がしているのに、なぜ一般の日本人は中共だと真《ま》に受けてしまうのか。私は不思議でなりません。彼らが日本に対して歴史的批判を行なう理由は、過去の歴史に対して現代の日本人に反省を求めたいわけでも、何らかの決着をつけたいわけでもありません。今後の東アジアにおける日本の影響力を弱めたいのです。日本と日本人に対する諸外国の信用と信頼を破壊し、最終的には強固な日米同盟を破棄させたいのです。「中共がアジアのリーダーだから、日本はもう引っ込め、軍門に降《くだ》れ」と言いたいのです。

本当に、トランプ大統領がいなかったら、いまごろどうなっていたのでしょうか。

一般の日本人に、中共の非道の歴史と現実があまり共有されていないことが、ひとつの大きな問題点です。金正恩のように、わかりやすく弾道ミサイルを飛ばし、親戚や肉親まで殺害するようなことは、中共にはありません。巧みに牙を隠すことに成功しています。

そして、一四億人という巨大な内需市場をバックに、経済を通じて世界の国々を手なづけようとしています。距離の遠いヨーロッパ、特にドイツとは経済的な関係を緊密にしようと必死です。そして、最も間近にいる韓国は、アメとムチを駆使して自由主義陣営から離脱させ、清《しん》王朝時代までそうだったように属国として飼いならそうとしています。

このままでは、中共の災厄はますます増大し、世界中に拡大していくばかりです。彼らに対抗すべき最前線にいるのは、言うまでもなく日本です。幸いなことに、少しずつ事態は日本や自由主義を信じる各国に有利な方向に動き始めています。私はいまこそ、まずは彼ら中共の本当の姿を冷静に学び、日本が世界に向けてその非道さを訴え、傍若無人な野望を止める仲間を増やしていく必要があると思います。

第二章

中華人民共和国の成り立ち

——人権弾圧と歴史捏造の国

恐るべき戦略性と脆弱性の共存

中国共産党がどのように始まり、どうやってシナ（現在中国がある地域の通史的な呼称として使用します／以下同）を……乗っ取り、勢力を伸ばしてきたのか。その過程で、どれほど国内外にひどい行ないをしてきたのか。これから何をしようと考えているのか。ご存じですか？

一般の日本人は、この隣国のごく基礎的なところでさえ、恐ろしいほど関心がありません。

中国は、長い歴史のなかで常に権力闘争が生じ、何十回も王朝や政権が代わってきた国です。そのなかでも、現代の中共の戦略性や凄《すご》みは計り知れません。

当初は山賊同然のゲリラ集団にすぎなかった中共は、一九三〇年代、対抗勢力である蔣介石《しょうかいせき》率いる国民党軍に押され、壊滅寸前まで追い込まれました。しかし、中共はその国民党といったん手を結び（国共合作）、共通の敵である日本軍を共に倒そうと持ちかけます。それにより自らは一歩下がって力を温存しつつ、日本軍と国民党軍を戦わせて、力をうまく打ち消し合うことに成功します。

日本がアメリカに敗れたことで中国から去っていくと、今度は弱体化した国民党軍に打ち勝って台湾へと追い払い、シナ大陸を乗っ取ることに成功します。

ただし、リーダーとしての教育をろくに受けていない毛沢東は、内政面ではエラーを連発し、対外的にはチベットやウイグル、内モンゴル、朝鮮戦争などで積極的に武力を行使し続けます。失政による大飢餓、失敗を覆い隠すための権力闘争と粛清、そして周辺国への侵略などで、中共はこれまで数千万人の人命を奪ってきました。犠牲者の大半は自国民、すなわち中国人民です。そして、生き残った人民にもその事実を見せつけ、党の命令や方針に従わなければいつでも命を奪うと、暗に脅《おど》し続けてきたのです。

大躍進政策、百花斉放百家争鳴《ひゃっかせいほうひゃっかそうめい》（74ページ）、文化大革命、そして天安門事件。こうした出来事は、すべて中共の身勝手な振る舞いであり、中国人の生命と権利を脅《おびや》かしてきた暴挙の歴史です。一九五〇年代には内モンゴルやチベット、朝鮮戦争にも介入し、六〇年代から八〇年頃にはインドやベトナムへの武力行使、そして近年は台湾や、フィリピンをはじめとする南シナ海諸国への圧力と、中共は常に周辺国との領土・領海紛争を繰り返してきました。尖閣諸島を皮切りに日本への野心を隠さなくなった中共は、世界に対して反省の色など一切見せません。そのくせ、日本には「反省しろ」と言ってくるのです。

彼らは、決して頭を下げないからこそ、かつてどれだけ非道なことをしても、いまどんなに邪悪でも、堂々としていられます。そして、いまや長期的戦略にもとづき、経済関係や歴史戦、情報戦に通じ、その凄みを、国内に向けては中共一党支配に、対外的には資源を漁《あさ》るだけでなく、「中華民族の復興」という名で中共の世界制覇の野望に使っているのが実情です。彼らはいつの時代でも、自分たちは「世界の中心にいるべき存在だ」と考えていて、それ以外の国々や人々は、誰であろうと中華に屈服することが当然だと思っています。かつての帝国主義諸国と同じです。あるいはもっとひどいかもしれません。

中共がよい人たちであれば、東アジアも世界もどれだけ平和になったことでしょうか。しかし残念ながら、現実はそうではありません。なかにはよい人もいるかもしれませんが、そういう人は中共で出世できません。

中共の戦略性、長期的視野、シビアさは、ある意味学ぶに値します。彼ら以上に戦略を学び、長期的な視野を持たなければ、我々は中共に決して対抗できないでしょう。

ただし、中共にも弱点はあります。警察力と情報管理によって国内を統制しているはずなのに、それでも年間約二〇万件のデモを許してしまっているのですから、彼らの国内統制は完璧ではありません。表に出しているかどうかは別として、不満を抱えている人民も多いことは確実です。そこで中共は、主に日本、最近では韓国に対する敵愾心《てきがいしん》をうまく利用して、国内体制の引き締めを図っています。

中共を責めるには、こうした点に突破口があるのではないか。これを探ることが、本書の大きな目的のひとつです。

第二章では、中共の成り立ちと、これまで国内においてどのような非道を働いてきたのか、第三章では、対外的にどんな害悪を垂れ流してきたかを検証していきましょう。

中国共産党の成立——山賊一味からの大復活

中共は、どんな時代に、どのような背景で成立したのでしょうか。まずは中共が誕生するまでの、中国と周辺諸国の歴史を整理しておきたいと思います。私もこうした機会があるごとに何度も学び直していますが、そのたびに新たな発見があります。

二十世紀の初め、シナを支配していたのは女真族《じょしんぞく》（満州族）の国家・清でした。清（当初は後金《こうきん》）は、十七世紀に中国大陸の最大民族である漢民族を支配して、十八世紀に勢力のピークを迎えます。台湾、モンゴル、チベット、新疆《しんきょう》（東トルキスタン）などを版図に収め、李氏《りし》朝鮮や越南《えつなん》（ベトナム）の阮《グエン》朝にも宗主国として強い影響力を持ちました。

しかし、増加する人口に追いつかない生産力、腐敗する官僚政治、弱体化する軍事力と反乱勢力の増大に悩まされ始めていたところに、アジア市場への進出を狙っていた欧米の帝国主義勢力からも押され始めます。十九世紀半ばのアヘン戦争の敗退を契機に、清は事実上の植民地のような扱いを受けることになりました。日本も十九世紀末に日清戦争に勝利し、条約に基づいて中国大陸に進出します。つまり、この時代は世界の列強がそろって中国大陸に進出していて、清の国土を事実上支配する動きを見せていたのです。

中国の民衆は、義和団《ぎわだん》事件（北清事変）に代表されるような外国人排斥運動を起こし、清もこれに便乗して列強に宣戦布告しましたが、イギリス、アメリカ、ロシア、ドイツ、フランス、イタリア、オーストリア、そして日本の八カ国連合軍の出兵を招いて鎮圧されます。結局清は北京議定書によって巨額の賠償金支払いと、各列強の軍隊駐留を認め、ますます衰退していきます。

清朝内部でも遅ればせながら自己改革と近代化への取り組みが始まりましたが、これに対して、もともと満州族による支配に不満があった漢民族から、清朝打倒の動きが生まれます。清朝の外部から思想的にリードしたのは、日本で近代思想を学んだ孫文《そんぶん》であり、内部から軍事的な面で主導したのは、清の軍人だった漢民族、袁世凱《えんせいがい》でした。

一九一一年、武装蜂起の動きが中国全土に広がり、各省が相次いで清からの独立を宣言。翌年に孫文が臨時大総統となる中華民国の成立が宣言されるなか、袁世凱は清の総理大臣となって事態の収拾を任されます。しかし、袁世凱自身はこれを清朝打倒と自身の権力確立の絶好機と捉え、ラストエンペラーとして知られる宣統帝《せんとうてい》・愛新覚羅溥儀《あいしんかくらふぎ》を退位させて清朝は滅亡します。袁世凱は軍事力を背景に交渉し、孫文に代わって中華民国の臨時大総統に就任します。その真の狙いは、袁世凱自らが中国の新しい皇帝になることでした。

しかし、第一次世界大戦中、中華民国が日本の「対華二十一カ条要求」に屈したことで影響力が低下します。袁世凱自身も一六年に死去し、中国は各地にさまざまな軍閥（軍事勢力）が台頭して、紛争が続きます。

こうしたなかで民族運動が高まり、一九年に孫文は中国国民党を結党。南京から軍閥を打倒しながら清朝の首都だった北京を目指します。さらに二一年、上海でコミンテルン（共産主義〈第三〉インターナショナル、ソ連主導による各国の共産主義政党の国際統一組織）の指導に基づき中国共産党（中共）が成立します。コミンテルンの仲介により、当初の中共は国民党との協力で軍閥に対抗していくことを決断し、孫文も援軍ほしさにこれを受け入れてしまいます。二四年に（第一次）国共合作が成立し、ともに北京を目指して北上する「北伐《ほくばつ》」を開始します。孫文は二五年に死去し、蔣介石が国民党の実権を握り、広東《カントン》に国民政府（国府）を樹立して北京を目指しました。

ただし、年々勢いを増す中共は、国府の乗っ取りを計画。国民党からの反発が強まり、二七年に国共合作は瓦解《がかい》・分裂します。

その後は国民党が優勢となり、各地で軍閥や共産勢力を打倒。北京を制圧し、南京に国民政府を移して蔣介石が主席に就任します。中共は散り散りとなって半ばゲリラ化し、山村や辺境の地に潜んで、地域の資本家や地主などの有力者を襲撃・排除しながら、勢力を拡大して再起を図ります。金品や土地を強奪して資金源としながら、いっぽうで一部を庶民に分けることで組織拡大を図ったのです。こうした過程で殺された各地域の有力者は一〇〇万人にも上ると言われています。この頃の中共は、強盗団だったと言っても過言ではないでしょう。

中共はソ連の影響と支援を受けて「中華ソビエト共和国」を江西省瑞金《こうせいしょうずいきん》に樹立し、国民党を脅《おびや》かします。いっぽう、日本による満州への進出が三一年の満州事変から本格化し、国民党は二正面での戦いを余儀なくされます。蔣介石は日本よりも中共掃討に熱心で、日本の満州国建国を承認するかわりに、中共の掃討を助けてもらう密約を結びます。

一度は再起を果たしたものの中共は劣勢を余儀なくされ、三四年には本拠地だった瑞金を包囲され辛《かろ》うじて脱出。崩壊寸前にまで追い込まれます。その頃、中共の実権を握ったのが、ソ連の影響を受けていない毛沢東でした。毛沢東はまず日本との戦いに共同して勝利することを蔣介石に提案します。三七年の盧溝橋《ろこうきょう》事件、第二次上海事変を経て支那事変へと移行していくなかで、第二次国共合作を成功させるのです。この背後にも、モスクワからの指令や働きかけがありました。

途中までを見ても、日本が中共の成立以降、間接的にその存亡の危機を救っていることがわかるのではないでしょうか。当時の日本に中共を助けたい意志があったわけではありませんが、いまとなっては、結果的に中共が生き残るための、さまざまな好機を与えてしまいました。まさしく痛恨の誤算だったと言えます。

中共に日本を責める資格はない

日本は一九三二年に満州国を建国し、かつて国民党に追われた清の宣統帝・愛新覚羅溥儀を執政、のちに皇帝（康徳《こうとく》帝）として中国の領土から分離します。

中共は今日、満州を巡る日本の行ないを一様に帝国主義による侵略だと非難し続けています。私も、現在において当時のような帝国主義的価値観を認めるわけではありませんが、中共が日本を非難するのも、おかしい話だと思うのです。

まず、満州はもともと満州族の地です。ここから起こった清が中国全土を支配したことはあっても、漢民族はそれまで満州を支配したことはありません。そこに、清朝を潰《つぶ》された溥儀が戻ってきて、満州民族の国家を樹立すること自体は自然な話であり、少なくとも古くから万里の長城を築いて、満州と華北とを明確に分けてきた漢民族が、侵略をどうこう言える話ではないはずです。溥儀を日本の傀儡《かいらい》と見るか、彼なりに満州民族の国を作るためにある程度の妥協をする現実的な選択を行なったと見るかは、議論の余地があるはずです。

そのうえ、日本は当時中国で政権を担っていた国民政府（国府）と交渉のうえで満州国を樹立したのであり、この流れにおいて中共は無関係です。見方を変えれば、いずれ満州の権益を取り戻したいソ連が工作し、国府と中共を再び結びつけて日本と戦わせ、対米戦争で日本が敗退寸前となったところで満州に侵入したのです。その後、満州が中共によって支配されることになったのもこの流れの延長にあり、満州民族から見れば、やはり「漢民族による侵略」だという見方ができるわけです。

中共は、自分たちも満州を「侵略」しながら、「満州国の建国は日本の侵略行為だった」と永遠に責め続けていることになるのです。

もっとも、ここには日本のミス、さらにはアメリカのミスも重なっています。

日本は中共を利するという、最も残してはいけない形で戦争を終わらせることになりました。また、蔣介石の国府を援助していたアメリカは、日本を敗戦に追い込むことはできたものの、結局、その後に国府は中共に敗れ、今日にまで続く史上最悪の巨大国家を遺《のこ》すことになりました。共産主義拡大を防ぐことが戦後アメリカの至上命題となったのに、結局はシナ本土を中共に取られてしまったのです。アメリカはもともと日本が日露戦争で得た南満州鉄道の権益に興味があり、鉄道王エドワード・ハリマンに日本側と接触させ、「共同経営」などと言いながら、事実上アメリカに経営権を譲渡する内容の予備覚書（桂《かつら》・ハリマン覚書）を結びます。ところが、ポーツマス会議から帰国した小村寿太郎《こむらじゅたろう》外務大臣が猛反発し、これを反故《ほご》にしてしまったのです。

日本が強欲だったのか、アメリカが強欲だったのかを論じることはやめましょう。しかし、この件以降、日本とアメリカは満州、そして中国の利権を巡って対立を続けることになります。当時のフランクリン・ルーズベルト大統領は、日本を封じ込めるために蔣介石を助けました。ところが結果的に残されたのは中共による共産化と独裁だったのですから、これは日本のミスと同時に、アメリカのミスも重なった史上最悪の黒歴史なのかもしれません。

そしてトランプ大統領は、もしかすると、ルーズベルトの犯《おか》した過《あやま》ちを正すために、習近平と向き合っているのかもしれません。かつてレーガン大統領が、ソ連のゴルバチョフ書記長と向き合って、ソ連を崩壊に追い込んだように。

中共が歴史戦で日本を責める際に必ず持ち出すのは、支那事変が始まった三七年の終わり、上海から国府を追って首都・南京に到達、占領した日本軍が、敗残兵や民間人を多数殺害したとされる南京事件ですが、これだけを取り上げることは極めてアンフェアです。

中共は、事件の犠牲者数を、戦後に国府が軍事法廷で持ち出した三〇万人と主張していますが、まともな証拠は存在せず、日本では学術的に支持されていません。

犠牲者はいなかったとする説もありますが、日本の歴史学者が主張している最大の数である三万〜四万人が上限と見るべきでしょう。それでもひどい事件には違いありませんが、そもそも三七年の一連の戦闘は、盧溝橋事件も、直接のきっかけとなった第二次上海事変も、中国側から始めた攻撃です。そして、当時盧溝橋付近に日本軍がいたのも、上海租界に日本軍がいたのも、すべては当時の国際関係において、条約に基づいた完全に合法な駐留だったわけです。日本人のなかには、「そもそもなぜ日本軍が中国大陸にいたのか、それこそが中国への侵略ではないか」と言う人がいますが、まったく違います。いま、日本各地には在日米軍基地がありますが、日米安保条約の存在すら知らない人が「米軍が日本の領土にいるだけで日本への侵略ではないか」と主張しているようなものです。

盧溝橋事件や第二次上海事変の背後には、蔣介石率いる国府軍を戦闘に引きずり込み、日本軍と戦わせたかった中共、そしてソ連の意図があったと言われています。歴史の結末を見る限り、その説には充分な説得力があるだけでなく、完全に成功したわけです。

中共は、自ら日本軍に戦闘を仕掛けておきながら、ある一部分の出来事だけを取り上げて、長い間日本を叩き続けるのはフェアではありません。仮に数万人の犠牲者があったとしても、そもそも中共はそれまでに自国民を一〇万人以上殺害しているのです。

それだけではありません。同じ三七年には北京・通州《つうしゅう》で罪もない一般居留民を含んだ日本人、そして当時は日本人だった朝鮮人合わせて二〇〇人以上が殺害されました（通州事件）。当時国府軍は、この地にいた日本の守備隊や特務機関員を襲撃したあと、わざわざ民間人を殺害しています。満州にソ連が侵攻したあとには、最終的に満州国の首都が移されていた通化《つうか》でも、中共の部隊によって日本人、朝鮮人約三〇〇〇人が殺害されています（通化事件）。このような歴史に対し、中共はひと言でも日本に謝罪をしたのでしょうか。そして「自分たちは過去の悪行を絶対に反省も謝罪もしないが、お前はやってない罪でもやったと認めて反省しろ」という態度の中共に対して、日本人はどうして素直に従う必要があるのでしょうか。

国共内戦――そして中共は中国を乗っ取った

一九四五年に日本がアメリカに敗れると、中華民国は戦勝国となりました。しかしゲリラ組織にすぎなかった中共は、再びソ連の主導のもと、それまでとは態度を変え、国民政府の打倒に動き始めます（第二次国共内戦）。

というより、もともと日本と戦っているさなかから、そのつもりで計画をしてきたと考えるべきでしょう。対日戦はできるだけ国府軍に戦わせながら、八路軍《はちろぐん》と名を変えた中共の紅軍は、前線の後方で得意の略奪を働き、勢力を蓄《たくわ》えていたのです。ほんの一〇年前には国府軍に押されて崩壊寸前だったのに、完全に立場が入れ替わってしまいました。

この事態をアメリカが見過ごしていたわけではありません。すでに東西冷戦は始まって

1949年10月1日、中華人民共和国の建国を宣言する毛沢東主席。中共による恐ろしい中国支配の歴史が幕を開けた。
（共同通信社提供）

おり、再び内戦になれば大陸の共産化は目に見えているため、「双十《そうじゅう》協定」と呼ばれる、両党が共同で民主的な政権を打ち立てるための協定をコーディネートしました。しかし結局のところ、内戦再開への流れを止めることはできませんでした。

　四八年には国民党軍は総崩れとなり、首都を転々としたあと、四九年の年末には台湾へと逃れていきます。その少し前、四九年一〇月に中共の指導者である毛沢東は「中華人民共和国」の建国を宣言しました。こうして、中共が支配する中国（中華人民共和国）と、国民政府が実効支配する台湾（中華民国）という現在の状況が生み出されました。

　この国共内戦の過程では、日本人や旧日本軍の力までもが活用されました。日本陸軍の関東軍の武装解除の際、ソ連に接収された武器は中共に与えられ、その使い方は日本に帰らなかった、あるいは帰ることを許されなかった日本人たちが指導しました。女性も従軍看護師として使われました。なかには進んで参加した人もいたでしょうが、多くは現実的に日本への帰国がかなわない状況のなかで、面従腹背《めんじゅうふくはい》を余儀なくされていたのです。

さらに中共は、捕虜となった日本人たちを洗脳していきます。

シベリアなどに連行して強制労働をさせたソ連とは違い、撫順《ぶじゅん》捕虜収容所というところでは、食事などでよい待遇を与えながら共産主義への洗脳を行ない、過去の「悪行」を告白、反省させ、日本に帰国させたあとも中共の橋頭堡《きょうとうほ》として使う手を打っています。彼らの活動は「中国帰還者連絡会（中帰連）」という形で組織されていきます。

こうして中華人民共和国建国までの流れを振り返ると、実にクレバーに振る舞う中共に対して、国民政府も、日本も、アメリカも、そして後に中共と対立するソ連でさえも失敗をしてきたことになります。しかも中共は、日本の力を最大限利用して形勢を逆転させたにもかかわらず、今日に至るまで反日批判を通じて日本を貶《おとし》め、利用し続けています。見方を変えれば、もともと中共にとっての日本は、骨の髄《ずい》まで利用すべき存在なのかもしれません。

なお、中共は建国に前後して内モンゴルに介入し、建国後もすぐに朝鮮戦争への「参戦」やチベット侵攻などを行なっていますが、対外的活動については第三章にまとめることにし、ここでは中共の国内政策と圧政、人権弾圧などの歴史を引き続き見ていくことにします。

自国民を殺すことを厭わない国

中共の謀略の上手さを褒めている場合ではありません。彼らが非常に恐ろしいのは、自らの支配している人民を殺すことについて、一切躊躇《ちゅうちょ》がないことです。国民の生命と財産を守ることが、近代国家に求められる最大の役割ですから、中共率いる中華人民共和国は、国家の体《たい》を成していないとも言えます。

すでに見てきたとおり、中共軍は創立当初から、略奪と虐殺を繰り返してきました。ただこれも、百歩譲れば内戦中において、彼らの敵である資本家への攻撃だったとして、わずかに正当化の余地があるかもしれません（私はないと思いますが）。

でも、中華人民共和国建国以降の、政策の失敗、そして政治運動の名を借りた、非武装の一般人に対する吊るし上げや粛清、殺害行為は、やがて中共のお家芸となっていきます。アメリカでも、ルーズベルトが真珠湾《しんじゅわん》攻撃を知っていながら米兵を犠牲にしたと言われるかもしれませんが、中共は人数も違えば、犠牲者が民間人であるところも決定的に異なります。

中共の歴史は粛清の歴史と言えます。建国直後の一九五一年から「三反五反運動《さんはんごはん》」と呼ばれる大粛清を開始し、中共に歯向かう人々を大勢葬《ほうむ》っていきます。

「三反」というのは、反汚職・反浪費・反官僚主義のことです。そして、その後加わった「五反」とは、反賄賂・反脱税・手抜き防止・国家財産の横領防止・国家の経済情報の悪用防止を指すと言いますが、結局は反共産主義、反中共の勢力を粛清しつつ、密告を奨励して人民同士を監視させ、中共の支配下におくための方便です。五二年ごろ収束するまでに、処刑や自殺などで命を落とした人は、一〇〇万人とも二〇〇万人とも言われています。

さらに恐ろしいのは、五六年に毛沢東が提唱した「百花斉放百家争鳴」運動です。これは、表向きは「共産党に対する自由な批判を歓迎し、論争を通じて発展を図る」ということなのですが、実際はソ連との対立から、自分の影響力の低下を見越していた毛沢東が、あらかじめ自らに反逆する可能性のある「右派分子」をおびき出し、粛清するための罠《わな》だったという説が有力です。

要するに「騙《だま》し討ち」なのですが、中国人の常識は「正義の味方」が大好きな日本人やアメリカ人とは違います。自分が生き残るために敵を騙すことは当たり前なので、騙されたほうが悪いのです。何千年もの戦乱の歴史で育まれた常識に基づく中国人の行動について、日米の常識で「卑怯じゃないか！」と批判しても無意味です。

ただし、すでに三反五反運動などの「前例」があるため、そう簡単に誘いに乗ってくる中国人はいませんでした。そこで毛沢東が自ら知識人に呼びかけて批判を強く奨励すると、だんだん、そして次第に激しく中共を批判する人が出始めました。

すると毛沢東ははしごを外し、今度は「右派」に対する批判も同じように行なうよう命じ、敵対的な知識人たちの追い込みを図りました。これが反右派闘争と呼ばれる粛清です。毛沢東の罠に掛かった五〇万を超える知識人が強制労働に駆り出され、三〇万人以上が命を落としたと言われています。

一党独裁と無知が生んだ恐怖の反人道国家

中共の愚策による中国人民の大量死の端緒《たんしょ》となったのが、大躍進政策です。

大躍進などと言うと、ずいぶん威勢がよく、高い経済成長を成し遂げたかのように聞こえますが、このネーミング自体がプロパガンダ的であり、実際は極めて幼稚、非合理的で、そのためあらかじめ失敗が見えていました。毛沢東はいわゆる「革命家」もしくは「強盗団の親玉」としては高い能力を持っていたのかもしれませんが、経済政策や工業技術を考えられるような教育を受けた形跡はありません。そうしたなかでの思いつきレベルの政策が、絶対的な権力をバックに進められたため、どうしても止めることができず、死体の山を築いたのが大躍進政策であり、結果は「大失敗政策」となってしまいます。

すでにソ連とは路線の対立が見え始めていた一九五八年、毛沢東は第二次五カ年計画の開始にあたり、「一〇年でアメリカを追い越す経済発展を成し遂げる」と豪語し、農業と工業の生産力を飛躍的に高めるために、大躍進政策を実行に移しました。

この中身は、実にひどいものでした。

毛沢東はスズメを農作物への害鳥と決めつけ、スズメを捕まえるよう奨励します。かくして、子供から老人までが総動員され、大量のスズメが殺されました。

しかし、残念ながら毛沢東は、スズメには同じく農作物に害を与えるイナゴやウンカ、そして害虫の代表であるハエやカなどを食べる益鳥としての面もあることを知らなかったようです。当然のように虫害などで作物の収穫量は大きく落ちてしまいましたが、粛清を恐れるあまり、正確なデータは中央にはなかなか集まりません。

工業でも、同じようなことが起こります。過大な報告によってすでに農業生産力は強化されたと誤認していた毛沢東は、本命である工業生産に人材を振り向け始めます。当時、「経済大国は鉄をたくさん生産できる国だ」というイメージが毛沢東の頭のなかにはあったようで、とにかく産業の基礎である鉄の生産量を増やすことを人民に指導します。

しかし、大量の鉄鉱石と高炉があるわけでも、スクラップを溶かす電炉があるわけでもありません。人民はそれぞれ家庭用品や農機具などの金属製品を持ち寄り、原始的な溶鉱炉（土法炉《どほうろ》）を造って鉄をつくり始めます。害虫のスズメを捕獲して作物の収穫量が飛躍的に増えたことが前提になっていますから、農作業はしていません。

炉を燃やす燃料もありませんから、とにかく近くの山から木を切り出してきます。こうしてあっという間に禿山《はげやま》が生み出され、土地は荒れていきます。そのうえ薪《たきぎ》を燃やす炉では良質の鉄をつくることもできず、ただもともとあった製品を溶かして固めただけの、もろく使い物にならない劣悪な鉄が量産されていきました。さらに鍬《くわ》や鋤《すき》などの農具も溶かしているのですから、農業生産力はさらに落ちているわけです。

そのうえ、収穫の過大報告を受けて、農産物のほとんどは都市部に回されました。

本当は、農産物の収量が落ち、しかも農民が農作業そっちのけで、見よう見まねの鉄生産をしていたのです。データに基づかない労働力の配分が農村の深刻な荒廃を招いたことで、農村部では食糧が底をつき、餓死者が続出しました。その数は、後年の中共側による発表でも一五〇〇万人、研究者によっては、その二～三倍と言う人もいます。当時の中国の人口は六億人強ですから、中共の発表した数字でも二五～三〇人に一人が、食糧不足による飢えや病気で命を落とした計算になります。いかに過酷な失敗だったかがうかがえます。

毛沢東は、人生で唯一、この大躍進政策の失敗だけは反省したといいます。そして五九年、自ら国家主席を辞職します。

文化大革命という「狂気のジェノサイド」

大躍進政策の失敗によって、毛沢東の影響力は低下し、代わって劉少奇《りゅうしょうき》が国家主席に就任します。

劉少奇は、師範学校で学んだだけの学歴しかない毛沢東とは違い、フランス、ロシアに留学し、大学も卒業している秀才でした。中共に入党後は、国府と日本を離反させ国共合作を助けたと言われている他、各地で争議を指導し、毛沢東に次ぐナンバー2に上り詰めます。毛沢東思想を構築したのも劉少奇で、中共と毛沢東に大きな貢献をした人物です。

劉少奇は大躍進政策の失敗を挽回するため、後に国家主席となる鄧小平とともに、「三《さん》自一包《じいっぽう》」政策への転換をはかります。「三自」とは三つの自由の意味で、自由市場、自留地（個人的な作物を耕作できる比較的狭い耕地）、自営業を増やすことです。

また農業生産では、大躍進政策で導入された人民公社《じんみんこうしゃ》制を緩め、各戸請負制（指定された上納分を超過した収穫は各戸の取り分として自主的に処分してよいことにし、生産性の自主的な向上を目指す制度）を導入します。これらは、毛沢東が行なってきた、大雑把な労働力の集団化を事実上否定するものでした。

そして劉少奇は、毛沢東が大躍進政策の当初に目指していた先進工業国への飛躍のためには、単に重工業を優先するだけでなく、しかるべきエリート、知識人を正しく処遇し、技術を磨《みが》く必要があることを見抜いていました。今日の私たちから見れば、極めて当たり前の理にかなった考え方です。

しかし、引退したはずの毛沢東は、一九六五年頃からこうした動きを「資本主義への道を歩むもの」として批判し始め、権力闘争を仕掛けて自身の地位回復を図ります。

翌六六年からは、圧倒的多数である「無産階級」の青少年を「紅衛兵《こうえいへい》」として直接指導し、毛沢東が「走資派《そうしは》」（資本主義に走る修正主義者）と見ている勢力や、知識人、さらにはかつての資本家層までを迫害し、吊るし上げる日々が続きました。これが文化大革命です。

もともと、毛沢東の革命は、暴力、暴動を積極的に奨励するものであり、無産階級が「他の階級」を打ち倒すための激烈な行動です。それを改めて復活させたわけです。

紅衛兵たちが叫んでいたスローガンが、有名な「造反有理《ぞうはんゆうり》」です。つまり、反逆することには正しい理由がある、ということです。

毛沢東は、特に知識人を無産階級の敵と扇動しました。これには、毛沢東自身のコンプレックスもあったと言われています。大躍進政策では自らの知的能力の限界を示してしまったものの、中共を建国にまで持っていったのは自分自身の功績であり、その目的は自分のような、知識を持たない「無産階級」のための国づくりだったはずだからです。

はたして文革が本格化すると、私たちの感覚では信じがたい光景が展開されていくことになりました。

昨日まで教えを乞《こ》うていた先生を、ただ知識人であるという理由で敵と決めつけ、学生が吊るし上げる。長年村長を務めていた人、医師、果てはメガネをかけているからといったためちゃくちゃな理由で取り囲まれ、自己批判を要求される。およそ合理性がありませんし、毛沢東の思想はダーウィンの進化論にも反しています。

かつての歴史を記した書物は焼かれ、寺院や文化財も破壊されました。

長幼の序も、「五常」も何もありません。私は本来の儒教にある優れた面の破壊が、文革で極まったと見ています。強い者がひたすら弱い者を追い詰め、やられなければやられるという、いまの中国にはびこる歪んだ儒教の残り滓《かす》が形成されていったのでしょう。

一〇年以上にわたって続いた文革という名のジェノサイド。粛清と虐殺によって命を落とした人数は、正確にはわかっていませんが、一〇〇〇万人単位と見るべきでしょう。大躍進とは違い、人の考え方、心、信頼関係、そして生産そっちのけで「闘争」や吊るし上げに走る若者たちばかりでは、国が成長するはずもありません。

ところで、朝日新聞は当時、文化大革命を絶賛しました。他のマスコミは文革の問題点を伝えて、北京から記者が追放されましたが、朝日だけは残され、記者は当時の広岡知男《ひろおかともお》社長からの指示を受けて、中共に都合の悪い記事は書かないようにしていたのです。

これを朝日のジャーナリズム精神の欠如と見ることもできますが、同時に、当時から中共は文革を失敗と捉え、対外的には隠蔽《いんぺい》したかったこともわかります。

朝日新聞だけではありません。このおぞましい文革を結果的にアメリカや日本も実質的に「追認」してしまいます。

七一年八月の、いわゆるニクソン・ショックです。ニクソン大統領は、対ソ戦略や中ソ対立、ベトナム戦争での劣勢などを背景に、外交戦略の転換を迫られるなか、水面下で中共との国交樹立に向けて交渉していることを明かしたのです。そして中共を、台湾の中華民国に代えて「国連における中国の唯一の合法的な代表であり、中華人民共和国が国連安全保障理事会の五つの常任理事国のひとつであることを承認する」という、いわゆるアルバニア決議を許します。中共はこうして国連加盟を果たし、台湾を事実上追い出して、安保理常任理事国の座も奪います。

毛沢東は人類史上最悪の「殺人者」

中共は近年、二十世紀前半における日本との戦いで戦死した中国人は三五〇〇万人以上だと喧伝《けんでん》しています。かつては二〇〇〇万人といい、さらに以前は一〇〇〇万人、もっと昔は六〇〇万人などと主張していました。何を「戦死」と定義するかで死者数が変わる可能性はあるでしょうが、それにしても三五〇〇万人の根拠がどういうものなのか、興味深いところではあります。

ところで、中共の主張どおり、仮に日本が中国で三五〇〇万人を殺していたとしても、世界史上、最も多くの人を「殺した」指導者は、彼らの紙幣に描かれている毛沢東その人です。

粛清や餓死者など、失政による死者数を数えれば、その数は膨《ふく》れ上がっていきます。本書でここまで述べてきただけでも五〇〇〇万人はくだらないでしょうし、全体では八〇〇〇万人近く、あるいは一億人という見方もあります。中共が盛《も》りに盛っている日本による死者数の、さらに三倍です。

ヒトラーのホロコーストによる犠牲者は、多い推計でも五〇〇万～一〇〇〇万人の間でヒトラー自身が関わった戦争で犠牲になった人との総計でも二〇〇〇万人には満たないというのですから、毛沢東がいかに「傑出」した「大量殺人者」であるかは明らかです。

そのうえ毛沢東が命を奪ったのは、繰り返しますが、ほとんどが同胞です。国の指導者が命がけで守るべき、名もない自国の庶民だったのです。

毛沢東の失敗による餓死と粛清を目《ま》の当たりにして、中国をどうにか回復させたいという考えを起こすのは、たとえ中共の幹部であろうと同じだったでしょう。しかし、毛沢東の影響力はいまだ強く、中共は決して毛沢東の黒い歴史を公には反省できないまま、今日に至っています。

毛沢東は一九七六年に死去し、文革は七七年に終わることになります。その後中共は、実質的には文革とは正反対の方向に進んだにもかかわらず、本来なら批判すべき毛沢東の所業を隠蔽しています。それどころか、毛沢東流の「手法」のうち、使えるものだけを選別し、今日に至るまで人民に対しても、そして対外的にも使っています。

中国の人民も、他国も、一党独裁を志向する中共の力はやがて弱まり、民主化に向かっていくと思っていました。しかしその期待は裏切られ続けています。

「北京の春」——民主化を利用し、不要になれば弾圧

日米との接触を主導したのは、周恩来《しゅうおんらい》首相（国務院総理）でした。周恩来は劉少奇のように文革で粛清されることもなく毛沢東の側近幹部であり続けましたが、暴走する毛沢東をなだめ、過度な権力闘争を緩和する役目も担い続けました。日本やフランスへの留学経験があり、外国からも一般の中国人民からも評価されていました。しかし、見方によって

は「妥協を続けたからこそ、周恩来は生き延びた」と言うこともできるでしょう。

そして一九七六年、毛沢東より八カ月ほど早く周恩来が病死すると、その死を悼《いた》む人たちのなかから、民主化運動の萌芽《ほうが》が起こります。これは「第一次天安門事件」、あるいは日付をとって「四五《しご》天安門事件」と呼ばれています。

天安門広場では周恩来に捧げられた花輪が撤去されました。文革を積極的に進めていた毛沢東の妻・江青《こうせい》などの、いわゆる四人組（江青・張春橋《ちょうしゅんきょう》・姚文元《ようぶんげん》・王洪文《おうこうぶん》）勢力によるものでした。毛沢東自身はすでに文革の行きすぎに気づいていて、周恩来や鄧小平などによる再建を模索していたのですが、文革に反対し、周恩来の死を追悼していた人民を、四人組は「反革命」と決めつけ、警官隊などに襲撃させます。「死者はいない」と主張していましたが、実際はわかりません。

四人組はこの事件を契機に、一度は毛沢東の信頼を引きつけ、権力闘争に勝利しますが、すぐに毛沢東自身が死去してしまい、結局は反文革派によって駆逐されます。

こうして鄧小平が実権を握り、すでに述べたとおり、本来の社会主義、共産主義に見切りをつけて「改革開放」路線を始めます。社会主義経済体制のもとに市場経済を導入するということなのですが、これは事実上、中共が頂点にいて市場をコントロールする「資本主義もどき」であり、または「エセ社会主義」ということにもなるわけです。

ただ、文革で経済的にも精神的にも疲弊しきっていた中国の人民には、さぞ希望があるように映ったはずです。彼らだけではありません。この頃、アメリカも日本も「中国はやがて発展し、民主化に向かって進んでいくだろう」と楽観視していました。

七八年には「北京の春」と呼ばれる、はっきりとした民主化要求運動が起こります。壁新聞を使って、中共の一党独裁と失政を批判したのです。画期的だったのは、中共は無産階級のために独裁を行なっているのではなく、ただ中共幹部、保守派のために行なっているにすぎないと見抜いていたことです。

鄧小平は文革派、保守派を一掃するために当初「北京の春」を利用しましたが、自身の権力が確立すると、今度は一転して取り締まりを始め、リーダーの一人・魏《ぎ》京生《きょうせい》を逮捕して、自分たちの運動はあくまで「マルクス・レーニン主義と毛沢東思想に基づく社会主義」だと言い張ります。

鄧小平は現代中国史のなかでは画期的な業績の人物と見るべきでしょうが、見方を変えれば、権力闘争に新たな手法で勝ち抜き、それまでの路線を放棄しながらあくまで社会主義のふりをし続け、民主化運動を利用しながら弾圧もした人物ということが言えるのです。

「六四天安門事件」――人民解放軍による殺戮《さつりく》

同じ構図の繰り返しとなったのが、一九八九年のいわゆる「天安門事件」です。これは七六年の事件と区別するために「六四天安門事件」と呼ばれる、民主化運動の弾圧と虐殺です。

最も民主化に理解のある政治家だったにもかかわらず、鄧小平の怒りを買って失脚していた胡耀邦《こようほう》前総書記の死去を悼む運動は、やがて民主化要求の運動へと変化し、一〇〇万人規模へと膨らんだ北京の天安門広場をはじめ、中国全土で大規模なデモに発展していきます。

すでに鄧小平体制も一〇年以上続いて、腐敗していただけでなく、改革開放初期の物価高騰への反発、ヨーロッパでは東欧革命で次々と社会主義国が崩壊し、ペレストロイカを掲げていたソ連のゴルバチョフ書記長の影響も受けて、中共への抵抗が高まっていました。当初、運動に理解を示していた趙紫陽《ちょうしよう》総書記は失脚し、ついに六月四日未明、軍がデモ隊に発砲して実力で排除しました。

これで、残念ながら、中国人民や日米をはじめとする外国が期待していた、中国の民主化への動きは終わってしまいました。そして中共は、人民が二度とこうした民主化運動を起こさないよう、アメとムチを使い分け、徹底的に統制します。

それにしても、首都の観光名所ともなっている広場で、軍隊が自国の人民に対して発砲し、戦車でひき殺すなどの虐殺を働くとは、正気の沙汰ではありません。

死者は中共側の発表ですら三一九人、実際は数千人規模だったという説があります。しかも、大躍進や文革とは時代が違います。世界の社会秩序がある程度整《ととの》ってきたなかで、しかも各国のメディアが注視するなかで、軍隊が民間人を殺戮したのです。

あとで中国のメディア規制について述べますが、「六四」や「天安門事件」は、中国国内ではまったく検索できないNGワードです。当時わざわざアメリカから帰国して運動を戦い、後に獄中で弾圧を受けながらも二〇一〇年にノーベル平和賞を受賞した劉暁波《りゅうぎょうは》氏は、受賞を妨害されたばかりか、死期が迫るなかでも出獄を許されませんでした。

天安門事件を受け、各国は一様に中共を非難します。しかし、二〇〇〇年前後から本格化した中国の経済成長は、やがて無視できないレベルへと達していきます。ただし、鄧小平が目指したのは、あくまで中共のための経済成長であり、中共を温存させるための資本主義もどきです。どれだけ経済成長しようとも、あるいは経済成長してしまったからこそ、一党独裁を至上命題とする中共は、世界にとってより重い存在となっていきます。

香港における弾圧――一国二制度のまやかし

虐殺という事件性ではいちばん記憶に新しい六四天安門事件でも、すでに三〇年が経過しています。八九年一月に昭和天皇が崩御され、年号が昭和から平成へと改められたばかりでした。平成生まれの読者の皆さんは、後に述べる中共の徹底的な情報統制や経済発展のおかげで、その危険性に現実味を感じられないかもしれません。

しかし、中共による人権弾圧は、いまも形を変え、場所を変えて続いています。最近起きたその最も顕著な例は、二〇一四年の香港での民主化運動（一七年の香港行政長官選挙の方法が「民主派」を事実上候補から除外する形になることに反対するデモ）への弾圧、そして一九年の「逃亡犯条例」改正案の撤回要求をきっかけに始まった大規模なデモです。後者は改訂作業中の現在も進行しています。

香港の歴史を簡単に振り返りましょう。アヘン戦争で清が敗れた結果、一八四二年にまず香港島が、続いて一八六〇年に対岸の大陸側にある九龍《きゅうりゅう》半島がイギリスに割譲されます。さらに一八九八年、九龍半島に隣接する新界《しんかい》が九九年間という約束で租借地となりました。「九九年間の租借」というのは、事実上の割譲（＝譲渡）です。

戦時中は日本が占領していましたが、戦後は再びイギリスの統治に復帰し、恐怖政治の続く中共のすぐ近くで、一八〇度反対の自由放任主義が展開されました。小さな政府によって発展を遂げ、独特の文化を形成していきます。

香港は結局、新界の租借期限となる九七年に、条約上は必要のない割譲地も含め、すべて中共に返還されました。これは、当時の指導者・鄧小平が、一括返還でなければ軍事行動も辞さないとイギリスを脅したからです。

中共は返還後の香港においても、外交・国防を除いて自由と資本主義が五〇年間維持されるという「一国二制度」を約束していて、香港の憲法にあたる「香港基本法」にも記されています。しかし、二〇〇〇年代以降の中国の経済発展と、香港の地位低下に比例するかのように、少しずつ、そして近年ははっきりと、自由な香港を「殺し」にかかっています。

欧米をはじめ海外資本を受け入れ、文化も思想も自由世界と馴染み、そのうえ中国と隣接している香港は、返還後も資本主義陣営にとって重要な場所となってきました。香港の人も、私たち他国の人間も、香港は返還後も変わりないと信じていた時期がありました。

しかし、いま改めて考えると、中共は返還当初から香港に対して長期的な計画を持っていたと考えるべきでしょう。香港の持つノウハウを吸い上げ、隣接する深圳《しんせん》や珠海《しゅかい》などの経済特区、さらに大連《だいれん》や広州《こうしゅう》、そして最大の経済都市・上海などの経済技術開発区の発展に利用しました。それと並行して、相対的に重要度が薄れていく香港に、本土から資本、住民、観光客を送り込み、次第に従属させていきます。香港の行政長官選挙も、住民は直接参加できず、各種議会や団体の代表からなる代議員によって選出されますが、その大本を親中派が抑えることで、香港の行政に北京の意向が反映されるようになります。

こうした中共の露骨な圧力に反発しているのが、民主派と呼ばれている、香港の住民たちです。彼らは自分たちを中国人ではなく香港人だと考えており、独自のアイデンティティを大切にしています。若い世代では、自らを中国人と考える人は数%しかいないといいます。そして究極的には、香港の独立を目指しています。

二〇一二年に中共は、忠誠心を養成するいわゆる「愛国教育」を香港に導入しようとして住民の強い反発を招きます。その後は懐柔に乗り出して、一四年には行政長官選挙の投票権を住民に与える新たな制度を提案しました。ところが、立候補者を中共がコントロールできる仕組みになっているため、かえって民主派の反発を招き、完全な自由選挙（普通選挙）を求めて中心部を占拠する大規模なデモへと発展します。警察当局の催涙ガスから身を守るために、デモ参加者が黄色い雨傘を使ったことから、「雨傘革命」、「雨傘運動」などと呼ばれました。しかし三カ月足らずで解散に追い込まれ、失敗に終わります。

中共は、約束していたはずの自由に対しても、はっきりと弾圧を始めます。立場が上の者は、立場が下の者との約束など守る必要がないというのが、彼らの常識であり信念です。さらには、中共指導部に批判的な出版社や書店関係者などを秘密裏に拉致《らち》して、本土側に連行して拘束するという蛮行まで行なっています。

中共は、自分たちの決めた香港基本法に、言論や集会、報道、出版などの自由を明記しているにもかかわらず、最近では露骨に無視しています。最初からすべてがウソだったのです。そもそも、香港の行政権に北京は介入できないはずでした。

こうした民主派への弾圧に加え、本土からの人とカネの流入で不動産価格が高騰していることもあり、古くからの香港人のなかには、香港に住むことを諦め、海外に移住する人も増えているといいます。思い返せば返還当初も、英語に不自由しない富裕層を中心としてカナダやアメリカ、オーストラリアなどに移住する人がいたのですが、その際は残った香港人もいよいよ将来を悲観して、台湾などを目指す人が増えているのです。この現象を中共の視線で捉えれば、反中共的な人間は香港から出ていくよう誘導し、それがまさに実現しつつあるということでもあります。

そんななか、一九年には再び香港の人々が立ち上がりました。香港で逮捕された容疑者を本土側に引き渡す「逃亡犯条例」改正案が香港政府から示され、ついに一般市民の怒りが爆発、最大で二〇〇万人（主催者側発表）ものデモになります。市民は改正案の撤回を要求し、林鄭月娥《りんていげつが》（キャリー・ラム）香港行政長官は九月に撤回すると述べましたが、デモ隊側はいわゆる五大要求（改正案撤回の他に、デモの「暴動」認定取り消し、警察暴力に関する独立調査委員会の設置、デモで拘束された者の釈放、林鄭月娥行政長官の辞任あるいは普通選挙の実現）を求め、いまもなお運動を進めています。

中共側は当面の目標としていた国慶節《こつけいせつ》（一〇月一日の建国記念日）までの収拾にも失敗し、いまも香港に近い深圳に武装警察を集結させ圧力を掛けていますが、さすがに各国のメディアが入り込んでいる香港で、六四天安門事件のような事態を引き起こせば国際社会の非難は決定的になります。そこで、香港警察に密かに人民解放軍を潜り込ませたり、反デモ派の一般市民を装ってデモ隊を攻撃したりする白色テロを半ば公然と行なっています。学生たちは立てこもった大学校舎から排除されてしまいましたが、一一月二四日の区議会議員選挙では民主派が圧勝し、香港市民の意思がこれ以上ない平和的な形ではっきりと示されました。

私たちが知るべきなのは、中共の人民に対する弾圧はいまもなお続いていることです。そして恐らく中共は、今回全世界的に報じられてしまった香港の状況が、かねてから人権侵害を疑われているチベットやウイグルでの「弾圧」への関心を集めないか恐れていることでしょう。つまり私たちは、今こそ香港と同時に、中国国内各地で起きている弾圧に目を向ける必要があるのです。

習近平にとっては、米中貿易戦争での劣勢とともに、自身の指導力の限界を示す大きなイメージダウンの要素になりかねません。かといって、チベットやウイグルとは違い、弾圧に出れば隠蔽は不可能、瞬時に世界中に知れ渡ってしまいます。

トランプ大統領は、香港の民主化運動を支持する「香港人権・民主主義法案」に一一月二七日に署名しました。法案は、「中国政府が、香港の『一国二制度』を守っているか、米政府が毎年検証する」「香港で人権侵害に関与した者に対し、米国入国を拒否、制裁を科す」などが明記されています。

「逃亡犯条例」改正案の撤回を求めデモ行進する人々。2019年6月に始まったデモは、デモ隊や市民の犠牲者が出るなど、混迷を深めている。
(共同通信社提供)

この法案に署名する前、トランプ大統領は、「香港を支持しなければならないが、友人である習近平国家主席も支持している」と述べていました。トランプ大統領としては、世界経済に多大な影響を与える米中貿易協議の佳境にあり、タイミングを見極めていたのでしょう。

私たちはひとまず、香港については注意を怠らずに見つめ続けることが大切です。と同時に、チベットやウイグルの問題を思い起こし、中共の隠蔽を暴くチャンスと捉え、彼らの弾圧を非難するべきでしょう。また、香港の現在は、将来の台湾が直面しかねない問題も暗示しています。台湾については後で述べることにします。

人口比で換算すると、世界で最も来日者数が多いのが香港の人々です。計算上四人に一人が日本を訪れ、町には日本製品や日本ブランド、日本風の商品があふれているのです。日本の左派政党の政治家よりも、香港人のほうがよっぽど日本を愛し、大事にしています。

中共の悪行に正面から向き合っている香港の人たちを、世界は、そして日本は、このまま見殺しにしてしまうのでしょうか。せめて、彼らが伝えているメッセージを受け取り、共有すべきではないでしょうか。

本当は誰よりも共産主義の限界を見抜いている

数年前、中国出身の評論家、石平《せきへい》さんとじっくり対談する機会に恵まれました。その様子は『日本人だけがなぜ日本の凄さに気づかないのか』（徳間書店）という本にまとめられていますのでぜひお読みいただくとして、石平さんのご見解でとても印象的だったのは、現在の中共は、毛沢東が主導した時代の共産主義の失敗と限界を、誰よりも見抜いているという視点でした。

つまり、いまなお中共の「教祖」的な存在として崇拝されている毛沢東の中味は失敗だらけであり、東西冷戦の行方を見ても、そのままにしておくと中共が崩壊しかねないことを、中共の幹部たちこそがよく知っていたということです。かつて資本家から富《とみ》を奪ってのし上がった歴史をなぞるように、私腹を肥《こ》やし富裕層と化した中共幹部は、やがて人々の怒りに襲われ、立場も生命も危うくなる。そうなる前に、こっそり中味を変えてしまうことを思いついたということです。

そして、「中国共産党」という看板はそのままに、革命歌を歌って毛沢東を仰ぐことも保ちながら、共産主義でも社会主義でもない、一種独特の中共の権力維持体制を作り上げようとしたわけです。私たちはこれを批判することもできますが、彼らに対抗していくには、その変わり身の速さ、サバイバルへの執念、欺瞞《ぎまん》の徹底ぶりを知らなければなりません。

すでに中共は人民の党でもなければ、社会主義の実現を目指しているわけでもありません。世界中から経済を発展させるノウハウを盗んできたうえで、約一四億人のうちたった九〇〇〇万人弱しかいない共産党員が非共産党員を、幹部が一般党員を、そして習近平がそれらすべてから収奪するシステムを構築している集団です。利権がすべてなのです。

「社会主義市場経済」、「改革開放」と言っていたのは、共産主義の限界を知ってしまった中共がこっそり資本家と化すことで自らの延命を図っただけなのです。

中共が非常に厄介なのは、いまのところ世界最大の国であることです。これが小国なら、人間的な正義と国際的な常識に基づく圧力が働き、やがて報《むく》いを受けます。ところが、中共が人質に取っているのも同然の中国の人民があまりに多く、グローバル経済でのインパクトが強すぎるのです。「花より団子」と言うべきか、政治的な正義よりも、ビジネスとしての利益を追求しがちになるのです。その典型が中国から遠く離れたヨーロッパの国々であり、反対に言えば、最もそのフィルターが利きにくい主要国は、まさに日本なのです。

なぜ中国人民は中共を信じてしまうのか

中国の人民は、なぜ中共に騙され続けるのでしょうか。それとも、騙されたふりをしているだけなのでしょうか。

まず、表向き中国の人民は幸せを感じているのは間違いありません。一〇年前、二〇年前と比べれば所得の上昇は明白です。ひとり当たりのGDPは一〇年前の三倍近く、二〇年前から比べれば一〇倍以上に伸びています。日本人の感覚では、いまから一〇年前も、二〇年前もほとんど所得は変わっていないため、普通の中国人民の感覚は理解しにくいかもしれません。

よく、高度経済成長を経験した日本人が中国に行くと、当時の雰囲気が思い出されるといいますが、若い人になればなるほど共有しにくいでしょう。電化製品が増え、マイカーに乗れるようになり、外食して、食べたことのないものを口にできる幸せ。それは、日本ではもうずいぶん前から当たり前に存在しているものです。しかし身をもって変化の過程を体験した人にとっては、大変な幸福感をもたらすといいます。

ならばわざわざ中共を批判しなくてもいいのではないか、中共は人民をそれなりに幸せにしているではないかと言われそうですが、それこそが中共の狡猾《こうかつ》なところです。その草創期に、資本家から奪った財物の一部を貧しい人に配って勢力を拡大した中共は、結局いまも同じことをしています。つまり、本来なら人民がもらえるものはもっと多いのに、資本主義ではコストでしかない巨大な中共の組織を支えるために掠《かす》め取られ、それに気づいていないだけです。習近平政権は「反腐敗」を旗印にしていますが、それはより大きな腐敗の仕組みを悟られないようスケープゴートを作り、そこに自らの敵対勢力を押し込めているだけです。

よく考えられた仕組みです。ただし、いまのうちはいいですが、やがて成長が止まるとき、中共による収奪の仕組みが、中国人民に広く認識される日が来るはずです。

公正な選挙制度を備えた通常の国民国家であれば、腐敗した政治はやがて選挙によって駆逐されていきます。しかし、中共の支配する中国では、もちろんそうした仕組み自体がありません。実は中国の憲法は、選挙権や被選挙権を保障していますが、そもそも憲法自体が中共の存在を維持するために存在しているのです。ですから中国では、中共の存在を脅かす選挙自体が存在しえないのです。

中共の認めている選挙とは、日本でいえば国会に相当する全国人民代表大会代表（国会議員）を選ぶ選挙ですが、これには、間接的または直接的に参加することができます。ただし、独立候補と呼ばれている中共以外の候補者は妨害を受けるため、まともな選挙運動をすることもできません。独裁政権が自らの非民主性を否定するときに繰り出す不正な選挙を、中共も行なっているだけです。したがって、現在のままでは仮に人民が中共に愛想をつかしても、その意思を政治に反映させることは不可能です。

それでもなお、中共の所業や歴史の欺瞞《ぎまん》を知れば、香港の人たちのように体制を崩そうと努力する人が出てきてもよさそうなものです。それは中共もよくわかっているポイントですから、あらかじめ手は打ってあります。

まず、中共はこの本で述べるような中共の黒歴史を子供たちに教えたりはしません。大躍進政策の失敗で、あるいは文化大革命や天安門事件で、どれほど多くの人命が中共に奪われたのかも知らされません。きれいに彩《いろど》られた栄光の中国共産党の歩みと、そのなかで生きる自らの幸せを叩き込まれ、そのうえ、現在の中共の戦いは「偉大な中華民族の復興」なのだと教わるのです。

そして、それでもなお中共に歯向かう勢力は、徹底的に見せしめにします。すると、たとえ中共の欺瞞に気づいても、口をつぐむ人が増えてきます。だったら、明日のお金、来年の生活をよくすることに懸命になったほうがクレバーだからです。

事実を知っても逃げられない人民たち

そして、そもそもマスコミは、すべてを中共側が抑えています。いかにマスコミが偏向していようと、いちおう誰もがネットで声を上げることができる日本とは、状況に天と地ほどの違いがあるわけです。

石平さんにお聞きしたところでは、『中国中央電視台』をはじめとする各テレビ局、そして『人民日報』などの各新聞や雑誌は、いずれも中共のプロパガンダであり、それらにしか接していない人民はやがて洗脳されていくそうです。

なかには、石平さんのように海外留学を経験することで、中共の行ないを相対化し、多面的な見方を学べたり、自由に何でも議論できる環境に接したりできる人もいます。最近では多くの中国人が海外旅行に出かけていますから、中共によるメディア統制はだんだん意味をなさなくなっているとも言えます。

しかし、国外のメディアに接した中国人民の判断は、決してシンプルではありません。石平さんのように中共を見切り、海外に移住する人は必ずしも多くはないのです。

なぜなら、留学や旅行で海外に出られるような中国人民は、それなりに豊かな層だからです。共産党員だったり、経済的に成功していたりして、わざわざ中共を見切る必要はありません。より現実的には、自分だけが中共を嫌になっても、現在の経済基盤と親や家族、親戚などを失ってまで中国を捨てられるかというと、私でもそこまでの自信は持てません。

より財産を蓄えた人は、さらに考え方が違ってきます。中共の歴史を知ってしまうと、自分が成功すればするほど目立った存在になり、いつか「腐敗している」と指をさされるリスクも高まることがわかります。そこで、子供を海外に送り、食べていけるだけの財産と不動産を少しずつ移して、いつでも脱出できるように準備しています。

つまり、たとえ中共の悪い面を学んだとしても、それだけで中共と縁を切るのは簡単ではないということです。国や党よりも、本音では家族を重んじる中国人ですが、だからこそ簡単に中共を裏切れないわけです。

仕組みとしてはわかるのですが、こういう国で暮らすのは精神的に極めて不健全です。石平さんも日本に留学したことで、「平気で嘘をつく日常生活には二度と戻りたくないと感じたことが、日本に帰化した理由のひとつだ」と話されていました。

ネット世界を抑えて腐敗を隠蔽する

中共一党独裁の恐ろしさとともに、彼ら自身の恐怖心が如実に現れているものがあります。インターネットへのさまざまな規制です。

中共はインターネットを厳しく監視しています。まず、ＳＮＳを中心とした海外の主要サイトにはアクセスできません。フェイスブックにも、ツイッターにも、グーグルにもユーチューブにも、参加はおろか閲覧すらできません。

いっぽうでSNSの機能そのものはコピー同然に入手し、国内向けにアレンジして使用させています。フェイスブックの代わりに「中国版フェイスブック」と称される人人網《レンレンワン》を、ツイッターの代わりに「中国版ツイッター」と称される微博《ウェイボー》を、グーグルで検索する代わりに「中国版グーグル」と称される百度《バイドウ》を、ユーチューブの代わりに「中国版ユーチューブ」と称される優酷《ヨウク》を……といった具合に、すべて中国版のものとして、プラットフォームが用意されています。

中国版、という言葉に慣れてしまうと何も感じなくなりそうですが、その意味するところは、「運営する主体が中共の監視下にあり、中共にとって不都合な内容は即アクセスを遮断できる」ということです。つまり、常時内容をモニターし、フィルタリングしていて、中共が悪質と判断すればすぐに発信者が特定され、公安がやってくるわけです。

最近、中共では、規制に不満を抱くユーザーたちが何とか網をかいくぐろうと、習近平を「くまのプーさん」に似ているとして、さまざまな画像を加工、投稿する動きが続いていました。私たちには、こうした行ないはほんの冗談、ジョークの一種としか思えません。しかし二〇一七年七月、当局は「プーさん」に関する書き込みそのものを規制しました。「皇帝・習近平陛下」をプーさんにたとえ、ニックネームにしてしまうと権威が落ちるというのでしょうか。だとすれば、ずいぶん自信のない指導者です。プーさん、かわいいのにね。

さらに、投稿やコメントなども、中共に有利な世論へと誘導するよう工作が日々行なわれているといいます。

こうした、自由なインターネットの世界から中国を隔離する中共の行ないは、総合して「金盾《きんじゅん》」と呼ばれています。別名は「現代版万里の長城」なのだそうです。

インターネットに詳しい中国のユーザーは、「万里の長城」を自力で乗り越えようとします。VPN（バーチャル・プライベート・ネットワーク）を使って、アクセスポイントを擬似的に海外に置いたことにし、海外のアクセスポイントから中国国内までの通信は高度に暗号化するシステムです。

ただしこれにも、中共の規制の手が伸びようとしています。通信各社にVPNを遮断するように命令し、アップルが運営する中国のアップストア（アプリの販売プラットフォーム）からも、中共の求めによってVPN関連のアプリが削除されたそうです。

私は、習近平、そして中共は、自由なネットの世界を本気で恐れているのだと感じます。ネットの世界では「ピコ太郎」のように、一瞬で大スターが生まれます。もし中国で

「政治版ピコ太郎」のような人間が出てきて、中共の理不尽さを上手に宣伝し始めたら、それだけで中共の支配は危機に陥るかもしれません。それがフェイク情報だったとしても、人々に相当ネガティブな印象を植えつけられます。

ある意味、口コミで広がった法輪功学習者以上に拡散力が強いネットの影響力を恐れて、短波放送に妨害電波を送り、電話に盗聴器を仕掛けるのと同じように、厳しく監視しているのです。ここでミスを犯せば、かつての東欧革命や、中東のジャスミン革命のようなことが起こりうると、中共は本気で恐れているのです。

中共は優秀なAIを作れない

少し将来の予測もしてみたいと思います。世界的に注目を集め、開発競争が続いている人工知能（AI）ですが、二〇一七年八月、中国のインターネット企業である騰訊《テンセント》が製作したAIの対話プログラムが、メッセンジャー上で「共産党万歳」という書き込みに対して「腐敗し無能な政治に万歳ができるのか」などという罵詈雑言を返しました。さらに、『中国の夢』とは何か」(「中国の夢」とは習近平が使っているキャッチフレーズ）と問われると、このAIは、「アメリカに移住すること」と返答し、世界中でニュースになってしまったのです。

このサービスは即中止されたといいます。

しかし、痛快な話です。中国国内で作られたＡＩは優秀だったのです。そして、優秀なＡＩであれば、中共を全否定するしかないのです。

今後、中共が世界で勝ち抜ける優秀なＡＩを作れば作るほど、その知能を高度に統合すればするほど、理にかなっていない中共の政策はバッサリと斬られ続け、同じようなことが起こるでしょう。そして中共は焦り、ＡＩを細工して、中共に有利な思考をするよう仕掛けてくるに違いありません。しかし、そんなＡＩに国際競争力があるのでしょうか。どこかの独裁国家にニーズがあるくらいでしょう。

私はＡＩの専門家ではありませんが、ＡＩが世界中のあらゆる知を統合していく画期的な進歩を遂げるなら、政治体制に影響されることのないＡＩを作り運用する国はますます発展し、体制維持のためにＡＩを細工するような国は、差をつけられていくはずです。

中共によって歪められている愛国心とプライド

石平さんとの対談で、もうひとつ印象に残っていることがあります。中国の人々は、子供の頃から中華民族の優秀さを教えられるのに、いざ海外に出て、海外から見た中国史をチェックすると、諸外国にやられっぱなしだった屈辱的な歴史を知らされることになり、ショックを受けて、コンプレックスを抱くそうです。それが中共に対する疑念の種になる人もいますが、反対に、これからは中華民族の優秀さを世界に何倍も見せつけ、やり返さなければならないと考えるようになる人も少なくないのだそうです。

中共は文化大革命で儒教を否定していながら、こうした祖先崇拝的、復讐的な価値観が悪い遺産としていまも中国の人々の心に眠っていて、歪んだナショナリズム、歪んだプライドを生み出す温床になっているということなのです。

矛盾しているとも思いますが、尖閣諸島や南シナ海にこだわる中共の考え方というのも、こうした思いが背景にあるのだとすると、理解はしやすくなります。

自らのナショナリズムも満たしながら、いざとなれば外国に逃げ出すチャンスをうかがっているのが、いまの中共のエリートです。そして海外の財産を購入するのは、かつて中国を漁《あさ》りに来た諸外国への仕返しという意味があるそうです。

私は愕然《がくぜん》とします。歪んでいるだけでなく、自己中心的で、社会全体のことを気にもとめない人たちが牛耳《ぎゅうじ》っているのが、中共の実情であり、腐敗政治なのです。賄賂がはびこるのも無理はありません。

しかし、こうした腐敗政治は、必ずそれ自身によって復讐されると私は信じています。

ＡＩと同様、腐敗政治という本来不要なシステムを維持することが目的になっている中共のエセ資本主義は、システム維持のコストの分だけ、自由な資本主義に劣《おと》るはずです。あるいは、本当に優秀な頭脳と思考を持つ人であれば、中共の下で頑張るよりも、自由な世界で頑張ったほうが報われますので、頭脳は必ず流出超過になるはずです。

賃金が安い、市場が大きい、といった理由で世界の経済をリードしてきた時期は、まもなく完全に終わります。かつての一人っ子政策の影響で人口構造は日本以上に歪《いびつ》ですし、人口増に戻すことはほぼ不可能でしょう。そしてより大きな成長力を持っている反中共で親日のインドが追いかけてきます。

中共の発表する経済指標には常に疑いの目が向けられています。ひょっとしたら、すでに後退の局面に入っているのを必死になって隠しているだけかもしれません。

国内をまとめるツールとしての反日

韓国については第四章で述べますが、中共も国内をまとめるために反日カードを使い続けています。日本は常に悪者であり、中共は「抗日戦争」を華々しく戦った存在として、ドラマの格好の素材となります。

このような態度をとり続ける中共の真意を、日本はしっかり把握しておく必要があります。そのためには、彼らを取り巻くふたつの状況を認識しておくといいでしょう。

ひとつは、中共は反日を使わなければならないほど、国内の統一に苦労しているということ。ふたつ目は、実際には多くの中国人民が「反日は中共によるプロパガンダである」と気づいていることです。日本をはじめ海外へ渡航した際に、金盾も反日教育もない実情に触れ、あるいは中共の本当の姿を知ったとしても、見て見ぬふりをして反日を装《よそお》い、しっかりカネを稼いだほうが自分のためになる……そう考えて生きているということです。

中共としては、真相を知られても歯向う人間だけを排除すればいいだけで、このような状況は容認していくはずです。

もうおわかりでしょう。中共にとっての反日は、道理にかなっていない自分たちの中国支配をスムーズに進めるための便利な道具であって、本質的な意味で日本を責めたいのではなく、中共の支配にプラスとなるなら何でもいいわけです。

これは、二〇一二年に起こった、あるいは中共が起こした反日デモが、あるときを境《さかい》にピタッと止まったことからもわかります。反日暴動にメリットがあるうちは煽《あお》り、それが反中共運動につながりかねないと察知した途端に、やめさせるのです。

中共の最大の目的は、中共の中国支配を続けることに他なりません。したがって、日本は中共側が自分勝手な「歴史」を持ち出して繰り出す反日に、いちいち目くじらをたてる必要などありません。では、中共の反日政策にはどのように対処すればよいのか。この点については後ほど述べます。

第三章

中華人民共和国の侵略史

――暴力と侵略を正当化してきた国

侵略と殺戮——これが本当の大虐殺史

中共は日本による過去の侵略を非難しますが、私の目には、中共のほうがよほどひどい侵略国家だと映ります。

第二章で見てきたとおり、中共はシナを乗っ取り、その利権を維持するためなら、自国の人民ですら容赦なく弾圧し、殺戮します。ということは、外国や周辺地域に対する侵略など、どうということはないのです。

中共による主な侵略を並べて見ると、実にひどいものです。左記の年表を見たあとに、もう一度、中共が日本を「侵略国家」呼ばわりしていることを思い出してみてください。どの口が言っているのかと思わずにはいられません。自分のことを、どれだけ高い棚に上げているのでしょうか。その高さは大気圏を突破しているのではないでしょうか。中共は中華人民共和国を樹立する前から、早くも内モンゴルへの侵略をスタートしているのです。

一九四五　〈日本敗戦、国共内戦再開〉
一九四七　中共主導で内モンゴル自治区設置

一九四九　ウイグル（東トルキスタン）侵攻、〈中華人民共和国樹立〉
一九五〇　チベット侵攻、朝鮮戦争に介入
一九五四　第一次台湾海峡危機
一九五八　第二次台湾海峡危機、〈大躍進政策開始〉
一九五九　チベット動乱、チベット亡命政府がインドで樹立
一九六〇　中ソ対立鮮明化
一九六二　中印国境紛争
一九六四　初の核実験成功
一九六五　中台・東引海戦
一九六六　内モンゴル粛清、〈文化大革命開始〉
一九六七　初の水爆実験成功
一九六九　中ソ国境紛争
一九七一　中共国連加盟・常任理事国に、尖閣諸島の領有権を主張
一九七二　〈ニクソン訪中、日中共同声明〉
一九七四　南ベトナムからパラセル諸島（西沙《せいさ》諸島）を奪取

一九七六　〈毛沢東死去〉
一九七九　中越戦争
一九八四　中越国境紛争
一九八八　中越がスプラトリー諸島（南沙《なんさ》諸島）で海戦
一九八九　〈六四天安門事件〉
一九九二　「領海法」制定
一九九五　第三次台湾海峡危機、スカボロー礁《しょう》占領
二〇〇六　中共のブータン領一部事実上占領が既成事実化
二〇〇八　チベット・ラサで大規模騒乱、鎮圧
二〇〇九　ウイグル・ウルムチで大規模騒乱、鎮圧
二〇一二　尖閣諸島国有化に反対する反日デモ、周辺海域での公船活動活発化
二〇一四　ベトナムで大規模反中デモ
二〇一五　南シナ海での米軍「航行の自由」作戦始まる
二〇一七　ドクラム高地で中印軍が対立
二〇一九　香港で政府に対する抗議活動激化

改めて眺めて見ると、かつての清の版図を改めて「回復」しようという考え方のもと、軍事力を使って資源や市場を狙った進出を繰り返し、その後改めて周辺部へと触手を広げていること、さらにこうした中共の侵略傾向は建国以前から一貫していて、いまに至るまで止まっていないことがわかるはずです。

内モンゴル――文革の名のもとに行なわれた大虐殺

中共による内モンゴル侵略が始まったのは、日本が中国大陸を去ってから、中華人民共和国が成立するよりも前の、一九四七年です。中共は、党員のモンゴル民族ウランフを送り込んで傀儡政権を打ち立て、建国後は内モンゴルを自治区として取り込みます。ソビエト側に取り込まれた外モンゴルは、モンゴル人民共和国としてソ連の配下となり、分裂します。

中共はその後、内モンゴルに漢民族を入植させ、相対的にモンゴル人の力は弱まっていきます。さらに六〇年代に入って中ソ対立がはっきりしてくると、内モンゴル自治区はモンゴル人民共和国側との内通を疑われて、自治は大幅に縮小されてしまいます。

そして文化大革命が始まると、中共側に立って内モンゴルを治めてきたはずのウランフは突如失脚し、代わりに漢民族の中共幹部が送り込まれて、そこからはモンゴル族への過酷な粛清が始まりました。

中共は多くのモンゴル族有力者に対して、「かつて対日協力者だった」などと言いがかりをつけていたといいますが、その事実はどうでもよく、実際はモンゴル民族を狙い撃ちにして影響力を削《そ》ぐ民族浄化に近いものだったといいます。

文革によって逮捕されたモンゴル族は一〇〇万人を超え、そのうち命を落とした人は、五万とも、一〇万とも、三〇万とも言われていますが、はっきりしたことはわかりません。いずれにしても、モンゴル族の大虐殺があったことは間違いありません。

ウイグル（東トルキスタン）――核実験場と化した砂漠

内モンゴルに続いて一九四九年、中共は国民党軍を打倒し、中華人民共和国の樹立と前後して、早くも東トルキスタンへの侵攻を開始します。背景は不明ですが、当時の東トルキスタン共和国のリーダーたちが乗っていた飛行機が事故で消息を絶つという出来事を経て、建国後あっという間に人民解放軍が進駐。五五年には「新疆《しんきょう》ウイグル自治区」とし

2009年7月にウイグルの首都ウルムチで反中共・反漢民族の暴動が発生。少なくとも200人が命を落としたとされる。（共同通信社提供）

て中共の一部に組み込まれてしまいます。大躍進政策では、ウイグルでも数十万規模の死者が出たものと考えられています。

ウイグルはテュルク系民族で、主にイスラム教を信仰しています。新疆とは、かつて清がこの地を征服したときに中国側から名付けられた名称です。ここにも漢民族が入植してきて、文革期にはイスラム寺院が破壊され、ウイグル族はラマダン（断食月）さえ禁じられてしまいました。

そして、中共が核武装を進めるうえで、ウイグルの地は何度も核実験場として使われることになります。九六年まで六〇回以上続いた実験でウイグルの砂漠地帯は汚染され、後遺症に悩まされる人が続出したと言われていますが、情報は遮断されていて、確かなことはわかっていません。一〇〇万人以上が被曝し、二〇万人が影響を受けて亡くなったという説もあります。安倍晋三首相は演説などで日本のことを「唯一の戦争被爆国」と呼びますが、これはウイグルという「戦争によらない被爆国」の存在を意識したうえでの表現でしょう。

最近でも、二〇〇九年七月五日にウルムチで、中共や漢民族に反発するデモが騒乱（中共から見れば暴動）に発展し、少なくとも約二〇〇人が命を落とし、一万人ものウイグル族住民が行方不明になったとされる他、一四年にも自治区西部で騒乱が発生し、海外のウイグル人組織は二〇〇〇人以上が殺されたと主張しています。

話は海外から漏れてくる程度で、中共はこうしたニュースをもちろん公式には伝えていませんが、一九年一一月一六日付の米ニューヨーク・タイムズ電子版は、中国の新疆ウイグル自治区で大勢のイスラム教徒が中共の「再教育」キャンプに強制収容されている実態が記された共産党の内部文書を入手したと報じました。

さらに、一二月、その実態の報告を求める「ウイグル人権法」が米下院本会議で可決されました。ウイグル支持団の必死のロビー活動は以前からありましたが、香港のことば触媒になり、ようやく実現できたのだと思います。

チベット――一〇〇万人以上が命を落とした仏教の聖地

　ヒマラヤを挟んでインドの北側に位置するチベットは、清の統治下の時代も、法王ダライ・ラマによる自治を行なっていた仏教の聖地です。そこに人民解放軍が侵攻してきたのは、内モンゴル、ウイグルに続く一九五〇年のことです。植民の他、石油や天然ガスなどの資源も狙いだったようです。ちなみに現在ジャイアントパンダが唯一自然界に生息する四川《しせん》省成都《せいと》西は、このとき人民解放軍が侵攻した土地です。中共が「パンダ外交」として中国のイメージアップや外貨獲得に利用しているパンダも、元来はチベット固有種なのです。

　チベット側は国連に中共の非道を訴えますが、朝鮮戦争のためにその声はもみ消されます。孤立無援のチベットは中共と強引に協定を結ばされ、ここにも漢民族が植民を始めた他、中共の失政と食糧不足に伴うインフレで、五六年頃から各地で抵抗運動が発生します。しかし、いずれも中共によって制圧され、そのたびに千人、万人単位でチベット人が殺戮されていきます。

　五九年、法王ダライ・ラマ十四世に対して、人民解放軍が行なう劇を鑑賞するよう招待が届きました。チベット人たちはこれを法王拉致計画の罠だと考え、大勢が法王の別荘であるノルブリンカ宮殿を囲みます。ここに人民解放軍は発砲し、数万人の死者が出たと言われています。

結局法王と一〇万人弱のチベット人はインドに亡命し、チベット亡命政府を組織して現在に至ります。

チベット自治区ではその後も抵抗運動が続いており、二〇〇八年にラサで起きた騒乱において、亡命政府は約二〇〇人が死亡したと主張しています。ここまでの中共によるチベット人犠牲者は、現在のチベット自治区以外、そして「大躍進」などの失政によるものも含めると、一〇〇万人を超えるという説があります。

ダライ・ラマ十四世は一九八九年にノーベル平和賞を受賞しましたが、「金盾」の存在によって、中国国内ではその情報を検索すらできません。

朝鮮戦争への介入——人海戦術で損耗した人民解放軍

一九五〇年、すでに勃発している朝鮮戦争に、中共は「義勇軍」という名目で人民解放軍を投入します。

もともと朝鮮戦争は、同年六月二五日に北朝鮮側の奇襲で始まり、韓国側には米軍を中核とした国連軍（当時ソ連は安保理に不参加）が編成されるものの、三日後にはソウルが陥落します。二カ月で朝鮮半島南東部の釜山《プサン》周辺を残すだけのところまで攻め込まれ、国連軍と韓国政府の国外脱出すら議論されていました。

しかし九月に、マッカーサーが主導した仁川《インチョン》上陸作戦が成功し形勢は逆転。ソウルを奪還した国連軍は北朝鮮内に侵入して平壌《ピョンヤン》を奪い、さらに中朝国境付近まで迫りました。

ここでアメリカとの全面戦争をためらっていた毛沢東も、同じく対米戦争を避けたいソ連からの要請と、仮にこのまま北朝鮮が消滅すれば東北部（旧満州）へのソ連の進出は避けられないと判断して参戦を決断し、最終的に一〇〇万を超える軍を投入して、国連軍を押し返しました。結局、南北の面積は、開戦当初とほぼ変わらない形で休戦しました。

義勇軍とはいえ、戦争後半は事実上、中共の人民解放軍が戦っていたのも同然でした。装備面、技術面で劣る中共は、人海戦術でどうにか踏みとどまった格好となりました。ただし中共だけで一三万人以上の戦死者を数え、また韓国側も軍民合わせて死者不明者が約一〇〇万人、米軍は同約三七〇〇〇人の被害を出しました。

中韓両国は二〇一七年、国交回復から二五周年を迎えましたが、これだけの歴史を経てもなお、なぜ現代の韓国人が、自分たちの同胞を大量に殺害した中国と、韓国の存続を自ら血を流して守り切ったアメリカを天秤にかけ、コウモリのように振る舞うのか不思議でなりません。そのことは第四章で見ていくことにします。

台湾──中共はいまも「ひとつの中国」を諦めていない

国共内戦に敗れて台湾に渡った国民政府（中華民国）ですが、中共による攻撃はいったん落ち着いたように見えて、その後も事あるごとにぶり返しています。

そして、当初は軍事的でしたが、次第に非軍事的に取り込む戦略にシフトしています。中共は台湾を彼らの国の一部だと主張しますが、そもそも中共は、台湾を統治したことが一度もありません。よく「中台分断」といいますが、台湾は戦後に日本から分断されたのです。中共が治める大陸から分断された事実はありません。敵だった中共から逃れた国民政府も七〇年以上が経過し、世代も入れ替わり、民主化の道を着実に歩む台湾について、一党独裁の中共に心から賛意を寄せる台湾人は、表向きはさておき、実際は少数派でしょう。

ところで、中共にとって目障《めざわ》りなのは、台湾側が本土近くの金門島《きんもんとう》・馬祖島《ばそとう》を確保し、要塞化したことです。中共は一九五四年、五八年、六〇年（三度）の合計五度にわたって砲撃戦や海戦を仕掛けています。このなかで、台湾側に四〇〇人余りの死傷者を出した五八年の砲撃戦は、「大躍進政策」への景気づけだったと言われています。

時代は下り、蔣介石も毛沢東も死去し、台湾には国民党独裁を見直す民主化と、大陸への反抗を事実上放棄して台湾としての発展を目指し、中共とも一定程度妥協する現実化の時代がやってきます。

それを主導したのが当時の李登輝《りとうき》総統ですが、中共は、行きすぎた台湾の民主化が一党独裁の中共に対して不利に働き、また現実化を中共の主張している「ひとつの中国」政策への挑戦と捉えて反発し、九五年には台湾近海でミサイル演習を繰り返し実施します（第三次台湾海峡危機）。さらに翌年、初の総統直接選挙を前に、ミサイルなどの軍事演習を計画したものの、アメリカの空母等の派遣によって挫折します。こうして台湾は、いまに至る民主国家としての道を進むことになったのです。

その後は血なまぐさい状況とはなっていませんが、中共は二〇〇五年に台湾独立を武力で阻止する反国家分裂法を作り、いっぽうで中共に融和的な国民党の馬英九《ばえいきゅう》政権ができると、いわゆる「三通」（通商、通航、通郵）や両岸経済協力枠組協議（事実上の貿易協定）締結など、アメとムチを使い分けながら台湾を狙っています。しかし、一四年には海峡両岸サービス貿易協定に反対する学生運動が激化し、国民党政権が再度下野して、やや台湾独立色が強い民進党の蔡英文《さいえいぶん》政権が成立するなど、香港の動向とも合わせて、中共にとっては面白くない存在になっていることは間違いなさそうです。

習近平は一七年の共産党大会でも台湾の動きを「国家分裂活動」と呼び、中台がともに「中華民族の偉大な復興の実現に向け奮闘するよう促すべき」で、そのためには「ひとつの中国政策を受け入れろ」と述べています。中共は、決して諦めてはいないのです。

台湾にとって、トランプ政権の誕生と、香港でのデモが注目を浴びたことは強い追い風でしょう。本書が発売される頃には結果がわかっているはずですが、当初は劣勢だった蔡英文総統にとって、中共の恐ろしさとトランプ政権の思い切った台湾支持路線、武器売却などが強いバックアップになったはずです。ただ、当然中共側も大量の工作員を送り込んではいるのですが。

インド――中印国境に長年の因縁あり

もともと中印間は険しい山岳の無人地帯で、国境線も曖昧《あいまい》なままです。イギリスから一九四七年に独立したインドは、五四年に中国と「平和五原則」という取り決めを結んでいますが、五九年に大勢のチベット人が法王ダライ・ラマ十四世とともにインドに亡命し、チベット亡命政府を設立すると、中共とインドの緊張が高まります。

こうしたなかで五九年九月、カシミール地方で両軍が衝突。六二年には中印国境紛争に発展し、インド側約一三〇〇人、中共側七〇〇人が戦死。カシミール東部のラダック地方（中国側の呼称はアクサイチン）の一部が中国側に併合されてしまいます。

アメリカだけでなく、中ソ対立を受けてソ連もインドを支援したため、中共は露骨なインドとの対立を避けるようになった半面、インドと対立するパキスタンを支援するようになり、六五年の第二次印パ紛争を誘発します。

中印間の国境紛争は、いまも解決していません。二〇一七年にも、ドクラム高地と呼ばれる地域で中共側が一方的に道路建設を始め、二カ月もの間睨《にら》み合いが続き、六二年以来の戦闘が懸念されました。

私はこのとき、安倍首相が明確にインドの立場を支持したこと、そして今後の対中共戦略を睨んで、自衛隊とインド軍の交流を加速させていることは、非常に大切だと思っています。中共の東側で直接脅威に直面している自由主義国の大国が日本なら、反対側はまさにインドだからです。

インドはやがて人口でも中国を追い抜く、将来有望な市場であり、スズキの自動車（インド政府との合弁会社マルチ・スズキが長年圧倒的なトップシェア）や新幹線技術などで、日本との経済交流も続いています。詳しくは述べませんが、マハトマ・ガンジーやチャンドラ・ボース、東京裁判におけるパール判事など、互いの国の成り立ちに大きな影響を与えた人物もいました。二〇一七年九月には、安倍首相が四度目のインド訪問で大歓迎を受けたことは記憶に新しいところです。安倍首相の海外での大活躍をほとんど報道しない日本のテレビメディアは、今回もいつもどおりの対応でしたが……。

あとで述べますが、日本はかつて多額のＯＤＡで中共を支援し、現在の外交安全保障ではそれが裏目に出て、完全な失敗となっています。日印間では、経済協力だけでなく、同じ自由主義の価値観を共有し、世界に害悪を振りまく中共と向き合う大国同士として、今後安全保障面での協力が一段と強まることでしょう。

ベトナム――反中運動だけは許される国

中共の身勝手さが如実にわかる例は、ベトナムとの関係ではないでしょうか。
同じく市場主義を取り入れた共産主義国であり、同じ一党独裁体制になっているにもかかわらず、中共の目論見次第で、支援されたり戦争を仕掛けられたりしたことで、態度が変化してきました。結局は、すべてが中共の都合で振り回されるだけなのです。

長い間、中国とベトナムの間には国境・領土紛争がありました。ひとつはパラセル諸島を巡るものであり、もうひとつは中国南部雲南《うんなん》省とベトナム北部の国境を巡るものです。

パラセル諸島を巡っては、中華民国とベトナムの旧宗主国であるフランスの間でも領有権争いがあり、日本の占領を経てフランスの手に戻ったあと、インドシナ戦争でフランスがベトナムから去って、東半分を中共が、西半分を南ベトナムが占領します。

その後のベトナム戦争で、中共は北ベトナムを支援します。一九七四年、北ベトナムは南ベトナムからパラセル諸島を奪い、翌年、南ベトナムそのものが北ベトナムに吸収されて今日に至ります。近年、パラセル諸島には多数の軍事施設が設置されています。

ベトナム戦争の終結後、中共は手のひらを返してベトナムへの圧力を強めます。これには、ベトナムと対立していたカンボジアのポル・ポト政権を中共が支援していたこともありますが、フランスがやって来る前の阮《グエン》朝が、清の朝貢国だったことによる優越意識も作用しているといわれます。これに対してベトナム側は、形式上の朝貢を続けていたものの、清とは常に一定の距離を保ち、独立意識が高かったのです。

こうしたなか、七九年にベトナムはポル・ポトのカンボジアを打倒します。さらに雲南省とベトナムの国境付近での利害対立が浮上すると、親ソ的なベトナムと、ソ連と対立を続ける中国との摩擦が深刻化していきます。

中共は国境に軍を集結させ、「ベトナムを懲《こ》らしめる」として同国北部への侵攻を開始。ランソン、カオバン、ラオカイを占領したものの、ベトナム戦争での実戦経験豊富なベトナム軍に押し戻され、一ヵ月で撤退しました。双方に数万の死者が出たと言われています。中共は内外に勝利を宣言しましたが、今日、世界的には中国の「敗戦」と考えられています。

しかしこの後も、中共は事あるたびにベトナムへの野心を隠しませんでした。八四年には再び国境地帯で紛争が発生し、ベトナム軍約四〇〇〇人が戦死。八八年にはスプラトリー諸島で海戦が勃発し、中共側が主だった環礁《かんしょう》を実効支配することに成功します。ベトナムは中共に押される形で、九九年に陸上の、翌年にはトンキン湾（パラセル諸島）に関する国境・領海の確定を行なったものの、スプラトリー諸島は未解決のままです。二〇一四年にはベトナムが主張しているEEZ（排他的経済水域）内に、中国企業は石油掘削施設を設けたことがきっかけで大規模な反中デモが起き、石油掘削リグを巡り、ベトナムと中国の艦船の衝突が相次いだことにより、南部を中心に反中デモが発生しています。

フィリピン——米軍が消えて牙をむいた中共

フィリピンとアメリカは米比相互防衛条約を結んでいる同盟国です。スプラトリー諸島の領有権を中共と争っていますが、東西冷戦終結とピナトゥボ火山の噴火による基地への被害などにより、一九九二年には在比米軍が撤収しました。

しかし中共は、このタイミングを待っていたかのように、フィリピンが領有権を主張しているミスチーフ礁を占領し、構造物の建築を始めます。

先に述べたベトナムの例も含め、中共は建国直後の五三年から、南シナ海において一方的に領有権を主張しています。地図上では、フィリピン、ベトナムのさらに南、ボルネオ島に迫るまでを「九段線」と呼ばれる線で囲んでいて（いわゆる「赤い舌」）、周辺国と対立しています。非常識極まりない主張ですが、彼らの常識は「言ったもの勝ち」です。

さらに九二年、中共は「中華人民共和国領海および隣接区法」（領海法）を制定し、スプラトリー諸島やパラセル諸島などの他、台湾や尖閣諸島までを一方的に領土と決め、「当然その周辺の海域は領海だ」と主張し始めました。

ミスチーフ礁の占領が始まったのは、米軍基地が撤収した三年後です。この九五年には米比合同軍事演習が終了し、ますます米軍の存在感が薄れた直後であり、中共は早速、フィリピンにもベトナムと同様の対応を取り始めたのです。それも、台風襲来の隙《すき》を突いた作戦でした。このように中共には「卑怯」という概念が存在しないのです。

フィリピンは抗議しますが、中共は「漁民を保護するためのもの」などと主張して、九八年にはコンクリート構造の施設を建設。現在では大規模な埋め立てが進み、発電施設やヘリポートの他、滑走路の建設や軍艦の姿も見られ、軍事基地化が懸念されています。

フィリピンは二〇一三年、中共の主張する「九段線」をオランダのハーグにある常設仲裁裁判所に提訴し、一六年には同裁判所が「歴史的権利、その他主権あるいは管轄権を有するとの中国の主張は国連海洋法条約に反しており、また、同条約に優先しない」という画期的な裁定を下しました。中共の行ないは国際法的に明確に否定されたのです。

しかし、中共は「判決は紙切れにすぎない」と、開き直りとも取れる態度で裁定を否定し続け、海洋進出もやめていません。レーダーや航空基地、ミサイルなどを設置し、フィリピンをはじめとする周辺国を威嚇《いかく》し続けています。国際法に従う意志など一切ないのです。

フィリピンは〇一年、対テロ戦争のために在比米軍基地の使用を再度承認し、一六年には五カ所の基地の使用を許可する協定を結びました。さらに一七年、アメリカは南シナ海における中国の主張を無力化するため、「航行の自由」作戦を実施し、軍艦を南シナ海で航行させせました。中共は反発と警告を行なっており、今後どうなるか予断を許しません。

ブータン――「世界一幸せな国」の領土を奪う中共

チベット自治区と接しているブータンは、インドと同様国境が曖昧《あいまい》だったこともあって、中共との国境紛争を抱えています。

しかし、小国のブータンでは軍事力があまりにも違いすぎるため、次第に中共側がブータン側に侵入するようになり、実効支配の既成事実を作っているのが現状です。

特に、一九九八年には両国が協定を結んで国境を明確化したにもかかわらず、中共側から無許可で道路延長工事を行なったり、人民解放軍の施設を建築したりする行為が続いた結果、二〇〇六年に改めて確定した国境線では、従来ブータン領だった土地の一三％にあたる面積が、中国領とされてしまいました。

こうした侵略はいまもなお続いています。一七年にも中共側が道路工事を行なっているとしてブータン側が抗議しているのです。

場所も自然条件も違いますが、勝手に構造物を作り、居座るという手法は、南シナ海とそっくりですし、自ら結んだはずの協定を無視して侵入することを何とも思わない様子からは、もともと周辺国もすべて「中華」のものだと考えている中共の驕《おご》りがうかがえます。

ブータンはインドと歩調を合わせようとしています。そして、こうした事実を知っていれば、なぜジグメ・ケサル・ナムゲル・ワンチュク国王夫妻が、東日本大震災後の日本を訪れて友好を訴えたのか、別の意味が浮かび上がってきます。中共の周辺にある多くの国々が困り果てていて、今後の日本の行動に期待しているのです。

尖閣諸島——やがて沖縄へと魔の手が伸びる

ここまでの中共の傍若無人な振る舞い、そして卑怯で冷酷な行動を見たうえで、私は改めて尖閣諸島と沖縄の現状を考えてほしいのです。事実関係を整理しておきましょう。

もともと無主地、無人島だった尖閣諸島に、十九世紀初頭から先行して何度も調査を行なってきた日本は、二十世紀以降、島を民間に貸与して事業を行なってきました。しかし、事業終了とともに無人島となり、敗戦によって他の島々と同様にアメリカの施政下となるものの、一九七二年に日本に復帰します。

ところが、復帰の直前になって中共や台湾が領有権を主張し始めました。九六年には日本の政治団体が北小島《きたこじま》に第二灯台を設置します。二〇〇二年に政府が魚釣島《うおつりしま》、南小島《みなみこじま》及び北小島の三島を所有者から賃借した頃から抗議が激しくなり、漁船や公船の領海侵犯が相次ぎます。

一〇年九月には中国漁船衝突事件が発生、そして一二年四月、当時の石原慎太郎《いしはらしんたろう》東京都知事が、「募金を集めて尖閣諸島を所有者から買い上げる」と発言すると、一段と中共の反発が強まります。香港からは親中派のテレビ局クルーが尖閣諸島にやって来ては、上陸して検挙されています。

当時の民主党政権は、尖閣諸島が日本固有の領土であり、政府として一切の領土問題の存在を認めていないのに、漁船衝突事件では中共側に過度に配慮して、国内から強い批判を浴び、結局、政府自ら尖閣諸島を買い上げて「国有化」することを閣議決定します。

これに中共は強く反発し、各メディアを使って反日キャンペーンを大々的に展開。上海、北京、広州、青島《チンタオ》など、延べ一〇〇以上の都市で反日デモが発生しました。日系企業や日本車などの製品に対する破壊、さらに日本人への暴行が行なわれます。このデモの背景には中共、中国政府関係者がいたことが指摘されている他、デモ活動が本格化したあと一週間足らずで収束したことから見ても、これは事実上の官製デモであり、より大規模になって中共政府への批判に転化することを恐れて、一転して中止させたと見られています。

いっぽうこの頃から、尖閣諸島周辺の海域には、武装した中国の公船（中国海警局の所属艦船）が天候の許す限りほぼ毎日、接続水域、または領海に侵入するようになっています。一六年末には機関砲を搭載した海軍のフリゲート艦までが現れています。

私は、尖閣諸島問題に関しては石原氏も民主党政権もミスを犯したと見ています。そもそも中共との間に領土問題があるかのような前提で話を進めてしまい、かえって中共側に口実を与えてしまったからです。ただし、これはすでに小さな問題です。仮にミスがなかったとしても、中共による尖閣諸島奪取の行動開始が、せいぜい数年遅れただけだと思います。

チベットやウイグル、南シナ海でしてきたことを繰り返す

日本の識者のなかには、中共は決して尖閣諸島を襲わないし、日本に対しても平和的に接すると考えている人がいますが、そういう人は、よほど現代史に無関心なのか、プロパガンダに騙されているか、あるいは中共側の一員として発言しているかのいずれかです。

なぜなら、中共はすでに海洋進出の計画を明確にしていて、計画に沿った行動をしているからです。計画を知らないのであれば単なる無知だし、計画の存在を知ったうえで中共をかばっているのであれば「確信犯」ということです。

中共が戦略を考える際の目標として、第一列島線、第二列島線があります。このうち、より中国大陸に近い第一列島線は、九州から、沖縄、台湾、フィリピンを経てボルネオにまで至る線です。

「中華民族の偉大な復興」とは、海軍においてはこの第一列島線の内側を死守し、第一列島線の外側に展開できるよう準備しておくことから始まります。したがって、外側に出られる穴をできるだけ大きく開けておきたいのです。

ということは、尖閣諸島の問題だけでなく、フィリピンを脅かす南シナ海への進出も、台湾への揺さぶりも、すべては同じ軸線上の計略であることが簡単に理解できるはずで

す。尖閣諸島に関する一連の行動は、中共の長期的戦略のなかで、同じ流れで起きていることです。

日本の地方には、いまだに鍵をかけずに外出したり、就寝したりする家が少なくないと聞きます。平和で豊かで治安もよく、周囲には顔見知りしか存在しないからです。新潟県の佐渡島《さどがしま》の北部に、粟島《あわしま》という小さな島があります。人口四〇〇人足らずの粟島には、観光シーズンしか警察官がいないそうです。昔の日本は、全国的にそのような状態だったのかもしれません。性善説で生きていけるのは、本当に素晴らしいことです。

しかし、いくら日本が平和で豊かで治安がいいからと言って、国際的には周囲に顔見知りのいい人だけがいるわけではありません。日本は貴重な宝物に満ちあふれていて、それを強盗団や詐欺師が建国した国が虎視眈々と狙っているというのに、憲法という制限によって丈夫な鍵をかけることができず、彼らの誠意に期待するしかないというのでは、みすみす盗まれるのを待っているのも同然ではないでしょうか。地方で鍵のかかっていない家を探す泥棒は、どの家に鍵がかかっていないかまではわかりません。しかし、日本国が憲法に縛られていることは、すでに周知の事実なのです。

しかし中共は、すぐに武力を使うようなことはしてこないでしょう。中長期的に、じっくりと時間をかけ、押したり引いたりしながら日本と国際世論の様子を見て、少しずつ既成事実を積み重ねてくるはずです。それは、中共の侵略の歴史を見れば想像がつくはずです。

中共は沖縄がほしくてたまらない

私が本当に心配しているのは、尖閣諸島のその先の話、つまり沖縄全体のことです。中共が、その戦略のなかで沖縄を日本から切り離そうと狙っていることは、すでに私のなかで確信になっています。

かといって、一四〇万人もの県民と在日米軍がいる沖縄が、簡単に手に入るわけではありません。中共側もそれはよくわかっているからこそ、一歩一歩、一〇〇年かける覚悟で手に入れようとしているのです。

こうしたことを、沖縄に住む人たちも、日本人全体もはっきりと認識していないことがとても気がかりです。

私は沖縄に住んでいたこともあるので、沖縄のことはけっこう知っているつもりです。沖縄は、中共が手を伸ばしたくなる条件が「整っている」ところです。かつて琉球《りゅうきゅう》王国の時代は、明《みん》、清から冊封使《さくほうし》を送られていたため、中華思想からみればいまでも中華の一部です。感覚で現代における「侵略」を正当化している中共は、清の領土を「回復」したり、清の冊封国を「従属」させたりすることは当然だと考えており、一抹《いちまつ》の迷いもありません。本章で見てきたことは、すべてそうした、今日の国際社会ではとても受け入れられない考えのもとで実行されてきた、信じがたくてあり得ないような真実の歴史です。習近平が語る「中華民族の偉大な復興の実現」とは、つまり、そういうことなのです。

二〇一七年四月、トランプ大統領と習近平の初の米中首脳会談の席上、習近平は「朝鮮半島は歴史的に中国の一部だった」と、わざわざトランプ大統領に語りました。百歩譲っても、朝鮮半島は歴史的には中国王朝の冊封体制にいただけですが、習近平の頭のなかでは同じことなのです。

ここで、朝鮮半島を沖縄に入れ替えてみてください。背筋が寒くなります。

琉球王国も朝鮮半島も、中国の王朝だけでなく、日本とも関係がありました。朝鮮半島では日本から伝わった前方後円墳も発見されています。かつて冊封体制下にあったから中華王朝の一部というのは一方的で手前味噌な見方にすぎません。

韓国では習近平発言に対して一斉に反発の声が上がりましたし、沖縄でも中共の配下になりたいと考えている人は相当の少数派でしょう。しかし、中共はそれを充分わかっています。そこで、長期的な戦略を立てているのです。

沖縄と日本政府、米軍を離間させる企《たくら》み

その突破口として狙いを定めたのが、沖縄の基地問題です。

基地問題が沖縄県民の負担になっていることは確かです。しかし同時に、その地政学的重要性により、中共から沖縄そのものを含む、東アジアの自由主義国家の安全と安定を守っています。その重要な役割に対して不満を抱かせ、ほころびを生じさせれば、沖縄の政治と県民の心を動揺させられます。いずれは日本政府や沖縄以外の日本人と離間させ、米軍や自衛隊を追い出し、独立運動を盛り上げる絶好の足がかりになるわけです。

普天間基地の辺野古《へのこ》への移設については、沖縄の基地負担を減らす議論がまとまって決定した事柄です。しかし、そこであとから起きた反対運動に、すでに中共の手が伸びているという話は、私のもとにも直接情報が入ってきています。

これまでの著書やテレビなどでも、すでに繰り返し強調していますが、大切なことですからここでも触れておきましょう。沖縄の米軍筋から聞いた話では、反対デモに出ている

参加者に対して（全員ではありませんが）、二万円もの日当が支払われていて、しかもその原資をたどっていくと、中共の関与が強く疑われます。日本国内の支援団体や支援企業などを通じて流れているそうです。

さらに、デモで活動しているいわゆる「プロ市民」のなかには、中国や韓国から来ている人も散見されるといいます。確かに、フェンスや壁などに貼られた横断幕等には、ハングルや簡体字といった日本語以外の文字も見られます。

二〇一七年八月末、キャンプ・シュワブのゲート前でデモ参加者に対して、沖縄防衛局の職員が「日本語わかりますか」と発言したことが、「沖縄県民を侮辱している」として参加者が激怒したとメディアに伝えられました。しかし、実際は違うのです。話しかけても返答がない場合、彼らが中国や韓国から来ていることが充分に考えられるからです。そして沖縄の米軍や、警備に当たっている警察、政府関係者のなかでは、こうしたことがもはや当然の前提として共有されているわけです。沖縄県民に対する差別とはまったく無関係です。

私にこの話を教えてくれた米軍筋の友人は、具体的な方法までは教えてくれませんでしたが、中共が一〇〇〇万円も出せば、反対運動をもっと大きく盛り上げることができると語っていました。決して高い額ではありません。

そしてその友人は、在日米軍は日本を、そして沖縄を、主として中共の軍事的脅威から守るために駐留しているのに、中共側が支援している運動のほうがまるで平和を求める運動であるかのように報道されているいまの日本の状況を嘆き、憂《うれ》いていました。当たり前の話です。これは侵略準備行為としての謀略戦、情報戦の典型だからです。この種の専門教育を受けた軍人には手に取るようにわかる状況でしょう。

中共が長い時間をかけても成し遂げるつもりの沖縄奪取は、こうした形ですでに始まっていると言えます。先日、書籍『ケント&幸洋の大放言!』（ビジネス社）で対談させていただいた長谷川《はせがわ》幸洋《ゆきひろ》さん（元東京新聞論説副主幹）によれば、こうした状況はすでに政府中枢まで報告がいっていると言います。それを信じ、不透明な資金の流れや、跋扈《ばっこ》するスパイの動向把握と防止に力を尽くしてほしいものです。まったく、沖縄に関する心配はつきません。

沖縄には怪しい人が多すぎる

中共の目的は、基地負担に苦しむ沖縄県民の感情をエスカレートさせ、県民の議論を二分させて、反米感情、反中央（日本政府）感情を醸成し、米軍を沖縄から撤退させること、そして沖縄の独立運動を盛り上げて、親中共の小さな国家を樹立し、あわよくば取り込んでしまうことです。いまはその第一段階を実行しているわけです。

こうして見ると、任期中に亡くなった翁長雄志《おながたけし》前沖縄県知事の振る舞いは実に奇怪だと考えなければなりません。

翁長氏は那覇市議、県議を経て那覇市長を歴任していますが、県議当時は自民党に所属し、県議団の幹事長まで務めています。そして、当時は普天間《ふてんま》基地の名護市辺野古《へのこ》移設推進決議に賛成し、大田昌秀《おおたまさひで》元知事や稲嶺惠一《いなみねけいいち》元知事に対して、もっと中央（日本政府）とうまくやるように注文をつけていたのです。

それがなぜ、反米の、そして反中央のリーダーとなって、辺野古移設反対を先導していたのでしょうか。普通に考えただけでは理解ができません。

翁長前知事が単なるポピュリストで、反基地を唱えたほうが沖縄県知事として県民の受けがよく、自分が目立てると考えているだけなら、この際まだいいのです。もし、翁長氏の背後に中共の影があり、何らかのつながりがあったのだとすれば、すでに中共は沖縄の行政に対して、初期の大きな戦略目標を達成していることになるわけです。

私がどうしてもその考えを拭《ぬぐ》い切れない理由は、翁長前知事が、ただ辺野古への基地移設に反対なだけではなく、一段と激烈になっていった運動、まして「プロ市民」による過激な活動や、政府関係者、警察、そして米兵やその家族たちに対する攻撃を、まるで黙認することで助長するかのような態度を取っていたからです。

翁長前知事は、那覇市長の時代から中共との関係があると言われています。福建省《ふっけんしょう》の福州《ふくしゅう》市は那覇《なは》市と姉妹都市で、当時の翁長市長の時代に交流がより深まったとされています。ところで、福建省は習近平が一九八五年から二〇〇二年まで、長期にわたり要職を務めた土地であり、しかも九〇年から九六年にかけては福州市の中共書記だったという、非常に縁の深いところです。そして習近平自身も何度も沖縄に来ています。

翁長市長時代の那覇市は、市内に、かつての中国皇帝たちが占領地に立てたという龍の形をした柱「龍柱《りゅうちゅう》」を「友好の証《あかし》」として建てようと決めたり、那覇市内に中共の領事館や、「中国語と中国文化を教える」という中共の公的な教育機関である孔子学院を設置しようしたりするなど、あたかも米軍基地が縮小された後の那覇市を、チャイナタウン化するかのような動きが見られました。それにしても、かつて文革期には徹底的に否定していた孔子の名前を冠し、中共に有利な部分だけを儒教から抜き出して利用するやり方が、孔子学院というネーミングに露骨に現れています。こんなものに騙される人たちが理解できません。

翁長前知事は、国際社会でも不可解な動きを続けていました。二〇一五年九月にスイスの国連人権理事会で、沖縄の先住民性を訴える演説をしたのですが、この場に日本の県知事が出る資格はありません。そこで沖縄県は、米軍基地反対運動を行なっているNGO（NGOには演説の資格がある）から枠を提供してもらう代わりに、公費でおよそ二二七万円を拠出したというのです。抜け道を作るために血税を使ったことになります。百歩譲って政治家として個人の考えを述べるのをよしとするなら、自らの政治資金でやるべきですし、その際の肩書きは沖縄県知事であってはならないはずです。

翁長前知事が亡くなる前、後継に指名したという玉城《たまき》デニー現知事（前衆院議員）は、その「遺志」を引き継ぎ、沖縄の基地について考える際「有事の前提」を置くなと主張しました。本書においてここまで論じてきたことを踏まえても、あるいは香港のデモを見てもなお、同じことが言えるのでしょうか。少々心配にさえなります。

玉城知事は辺野古のキャンプ・シュワブ拡張を「断固阻止する」と公約、一九年二月には県民投票を実施し、反対が七割を超えたことをもって政府に工事中止を求めています。

一方でいまや世界の笑いものにさえなっている中共の「一帯一路」については、訪中した際、胡春華《こしゅんか》副首相に対して、「沖縄を出入り口として活用してほしい」とわざわざ強調しています。

アメリカには何でも反対、中共にはおもねるその姿勢を見れば、やがて琉球独立、中共の軍門に降る日が本当に来るのではないかと恐ろしくなります。このような県政が続き、県民もマスコミも中共に躍《おど》らされるような状態が続けば、一〇〇年もかからずに沖縄が中共の手に落ちてしまうかもしれないのです。本当にそんな未来を沖縄の人たちは望んでいるのでしょうか。中共の侵略史をしっかりと認識し、危機感を持たなければなりません。

侵略史を巧みに隠し続ける国家

中共は、こうした自らの侵略の歴史を隠すことがとても巧みです。というよりも、中国の歴代の王朝や政権は、必ず自己に都合よく歴史のつじつまを合わせ、正当性を疑われないために事実を書き換えてきましたから、特に珍しいことではありません。

半面、自由主義国はこうした隠蔽ができません。ときに国家の行ないが批判されることもあるのは、しっかりと監視をしている自由な立場の人がいるからです。その機能を勘違いして、思想的に偏向したり、ウソをつき始めたりする人が増えると別の問題が生じますが、ときには政権の内部から告発もあったりして、自浄作用が働きます。

私が若かった頃、なぜアメリカはいちいち自分の国の不祥事やスキャンダルを表に出すのか、不思議で仕方ありませんでした。国の品格を下げ、国際的に恥を晒《さら》すくらいなら、うまく隠しておけばいいのにと考えていたのです。問題があれば政府の内部でしっかり修正してくれればいいことで、ニュースショーで恥ずべきことを並べ立て、センセーショナルなタイトルをつけて放送してしまえば、アメリカという国や国民が、世界から尊敬されないだけでなく、わざわざ共産主義者のスパイたちに、アメリカ社会の弱点を教えているようなものではないか、と思っていたわけです。

しかし、いま思えば、そうやって国の恥が表に出ることで自浄作用が働くことが自由主義国家の大きな利点であり、逆に中共はそういうことを一切許さない体制、言いかえれば、自浄作用が一切働かない体制を作り上げているということを意味します。

マスコミを通じて人民に、そして世界に情報を発信できるのは、中共の当局か、そこから許可を得ている人だけです。「チベットはどうなっているのか」「ウイグルに人権侵害はないのか」といった話が表に出ることはネット上ですらありませんし、むしろ「チベット民族は幸せに暮らしている」とか、「ウイグル人が当局に暴力を振るっている」などとプロパガンダをばらまき、天安門事件についての海外の論文は、国内の検索結果から外してしまっています。中共にとって不利な事柄については、対外的にはシラを切って抗議して、対内的には一切ニュースにしなければいいのです。

これは想像ですが、中共の中枢部のどこかには、おそらくさまざまな悪事の真実を収めた資料やデータが眠っていると思います。いままでチベットやウイグル、モンゴルで何万人が命を落としたのか、六四天安門事件の真相はどうだったのか、しっかりとまとまったものが、門外不出のものとして存在していると思います。

日本でもアメリカでも、自由主義国の左翼や人権派たちは、政府に対して情報公開を要求したり、国連の権威を利用したりすることが大好きです。その力と実績を、ぜひ中共にも向けてみてほしいものです。中共がおぞましい人権蹂躙《じゅうりん》の実態を隠蔽しているかもしれないのに、なぜ彼らには気にならないのでしょうか。人命が軽んじられ、拉致や拘束、家族や本人の意志に反した臓器摘出まで起きているというのに、たとえば日弁連はなぜ、国連人権理事会に真相究明を訴えたり、中共に抗議したりしないのでしょうか。いつもそのことが不思議でなりません。

アメリカも中共に幻想を持ち続けてきた

中共がこうした非道を続けてこられたことは、アメリカにも責任があります。

アメリカは、旧ソ連に対しては長い間脅威を感じ、緊張感を途切らすことなく向き合って冷戦に勝利したのに、中共が支配する中国に対しては「幻想」を持ち続け、なかなかそれを手放すことができず、結果として野放しにすることにつながりました。

なぜなのでしょうか。理由はふたつあります。

まず、アメリカはかつて、端的に言えば旧ソ連を非常に強い国だと感じていたのに対し、中国を強いとは考えていませんでした。もしかしたら将来強国になるかもしれないが、ソ連があるうちはあまり中国を刺激せず、むしろ中ソ間を冷たい関係にしておくことが得策で、下手に中共の関心をアメリカに向けてしまえば、日本における軍備を増やさなければならないと考えていたからです。

もうひとつは、中共のほうがソ連に先んじて事実上共産主義を「放棄」し、資本主義の導入へと舵《かじ》を切ったことです。これはアメリカにとって、やがてソ連に打ち勝てることに対する自信にもつながったでしょう。そして、経済が資本主義化し、人々が豊かになっていけば、時間はかかっても必ず独裁的な政治体制への不満へと結びつき、中共の体制に飽《あ》き足らない人たちが民主化運動を起こすだろうという読みがありました。実際にその傾向は、八〇年代には見えていたわけです。

東欧革命が起きて、アメリカのこうした読みは確信に近いものへと変わったでしょう。六四天安門事件は民主化運動の失敗だったとしても、いずれ同様の、そしてもっと規模が大きく中共を打倒できるような動きにつながっていくと期待したでしょうし、旧ソ連の崩壊でその考えは決定的になったはずです。付け加えると、こうした考え方は、共和党よりも民主党政権のほうがよりはっきりしていたと思います。

これは日本も似たようなものです。ＯＤＡなどで中国を支援し、日中の友好を深めていけば、相互理解は深まるし、必ず民主化にも結びつくと考えていたわけです。アメリカに強く促《うなが》されて、そのようにせざるをえなかった可能性も高いですが……。

しかし、アメリカの読みは外れました。そして、ここ一〇年ほどははっきりと反省が見えるようになってきました。中国は豊かになっても民主化しないどころか、ルールは守らず、ウソを突き通し、二十一世紀のいま、ひとりで帝国主義を復活させようとしているのです。

そのうえ、経済成長とともに軍拡に動き出してしまった中共を止めることは、もはやアメリカにしかできません。こうしてアメリカは、安全保障の現実的な課題として中共と向き合わなければならないことにやっと気がつきました。何よりも、アメリカは自国の地位を脅かす新興の「帝国主義」を、決して許さない国です。

このような環境変化と、アメリカの態度の移り変わりを踏まえれば、日本の憲法改正は絶対的に必要なことです。

この国の横暴と無作法が世界にばれてきた

アメリカが態度を変えたことで、中共の内部事情はさておき、国際関係における中共の横暴さ、尊大さ、そして無作法ぶりが注目され始めていることは、今後を占ううえで大切な変化だと思います。

中共への「抗議」として、二〇一五年に習近平が訪米した際、シアトルで用意した食事のメニュー表のなかに、「わさび」や「大根」などの日本語をそのままローマ字で載せていたことや、晩餐会《ばんさんかい》に出されたワインがたった一五ドルの安物だったことが話題になりました。これは、「うっかりミス」を装って、中共側に強烈なメッセージを発していると考えるのが妥当です。

その後のイギリス訪問では、チベット問題に関心のあるチャールズ皇太子が晩餐会を欠席、しかも用意された三〇万円相当のワインは、わざわざ一九八九年産、つまり「六四天安門事件」の年のものでした。

習近平は訪英に際し、エリザベス女王との面会を利用して、さも自らに実力があり、世界が自分を尊敬し、また中国が世界の大国であることを国内に宣伝しようとしますが、そんなことはイギリスもお見通しです。習近平の考えとしては、豊富なチャイナマネーをばらまき、米英にいい顔をして、よい待遇を受けようという気があったでしょう。

そこを逆手に取って、さも歓迎しているように見せかけながら不快感を表わすのが欧米のスタイルです。エリザベス女王はわざわざトイレの前で出迎えて握手し、習近平のスピーチの間はアンドリュー王子が退屈そうに頬杖《ほおづえ》をついてみせたり、議会における習近平の演説では、キャメロン首相（当時）が「一度も同時通訳のイヤホンを耳にしなかった」と伝えられたりしました。

チャイナマネーはいただきつつ、カネで歓心を買うような手には乗らないと暗に宣言しているのです。イギリスのメディアは中共の非道を非難しますが、それがそのまま中国に伝わるはずはありませんから、報道写真にわざと映り込むように抗議の姿を示したと考えるべきでしょう。

ずいぶん時間はかかりましたが、こうして中共の非道さ、失敬さに対して、声を上げる国が出始めているわけです。そして、決してカネでは左右されないという態度を示すことは大切です。カネはあくまでカネであり、国家間の信頼はカネで買えるわけではないからです。

アメリカは、トランプ大統領になってからというもの、この点では常に習近平に変な遠慮がなく、駆け引きも含めて言いたい放題言っていることは、積極的に評価されるべきだと思います。「トランプ大統領の言動は下品だ」と言う人がいますが、カネさえあれば誰もが自分にひれ伏すと考えている習近平の成金《なりきん》思考のほうが、はるかに下品です。

アメリカ企業も中共を警戒し始めている

日本もアメリカも、ともに中共を警戒していますが、これがようやく民間企業にも浸透してきたという気がします。かつて日本とアメリカでは、民間企業における対中スタンスに違いがあったのですが、ようやく日本の意識も追いついてきたようです。

日本では、民間企業が比較的中共に遠慮しながら接し続けていました。かつてほど中国でのビジネスにうまみがなくなり、生産基地としても人件費が上昇したにもかかわらず、です。その典型例が、三菱マテリアル（旧・三菱鉱業）の一件です。戦時中に同社の鉱山などで働いた中国人労働者らが過酷な労働をさせられたとして、中国の裁判所で賠償を求めていた裁判で、同社は和解に応じたのです。

これは、本来まったく不要なことです。一九七二年の日中共同声明では、中共は明確に戦争賠償を放棄しているからです。そして日本国内での裁判では、最高裁がはっきりとそれを認めていたのです。

三菱マテリアルの気弱な「すり寄り」を責めるのはたやすいことです。確かに、有名企業が和解に応じて金銭を支払ったインパクトは大きく、これからも同種の訴えが他の日本企業を圧迫することは避けられません。

ただ、このニュースから見えてくるもうひとつの姿は、中共の支配している中国に、簡単には損切りできない相当な金額を投資済みの日本企業にとって、日本政府や世論が中共の危険性を叫ぶのはビジネスの邪魔であり、「カネを払ってでも終わらせたい」という現実的な事情です。もはや簡単に抜けられないレベルの投資をしているので、中共からいじめられるくらいならペコペコしてしまったほうが得だという判断なのです。

私は、こうした日本企業の対応は憂うるべき事態だと考えていました。ひとつの企業の判断としてはよいかもしれませんが、そのせいで国家としての日本、民族としての日本人が失うものは計り知れません。自分だけが楽になるために、後先の影響を考えず、世の中に存在しない罪を認めたことになるからです。さらに、中共は必ずその事実を自分たちに有利になるよう最大限活用してくるでしょう。

この点、アメリカの企業は冷静だと思います。少なくとも国家に影響を及ぼすようなビジネスはしません。あくまでカントリーリスクは、企業自身が引き受けるものだからです。賭けに負けたのなら、その責任は自らが負うべきです。

そもそも、相手は中共です。ルールを無視し、約束を破り、問題が起これぱデモ隊を焚《た》きつけることも、不買運動を演出することもできるのです。そんな、不公正なビジネスを平気でやれる人たちを相手に、やっと日本の経営者たちも気づいたようです。

私は全国を講演で回りますが、最近では中国にかかわる以上、ある程度のコストを我慢してもいったんは撤退し、様子を見ようという判断ができる方が増えてきていると感じます。もっとも、全世界から中共の施策が疑われている以上、会社ができることには限界があります。さらに、少なくない経営者たちは、中国がサプライチェーンから外され始めていることを敏感に感じ取っているようです。これは、非常に良い傾向だと思います。

他国の技術を盗んでお返しに公害を垂れ流す国

中共は、毛沢東の失敗を密かに反省して、社会主義をいつのまにか捨て去り、先進各国の手法や技術を真似して中国を急成長させてきましたが、自国民に対する殺戮や人権侵害と同様、深刻な環境汚染問題を起こしている点についても触れておかなければなりません。

というのも、石炭を多用する火力発電所や、さまざまな工場、自動車などから排出される汚染物質によって、現在の中国では年間一〇〇万人以上が死亡していると言われているからです。

特に暖房が必要となる冬場の大気汚染はひどく、朝鮮半島や、九州をはじめとする日本にまで微細な粒子状物質（PM2・5やPM10など）が流れてきています。韓国では深刻な社会問題になっていて、ときによっては北京よりもソウルのほうが、空気が汚い日があるといいます。毎年秋口になれば大陸から微細粒子が流れ込み始め、冬の訪れとともに、日本であれば大ニュースになるような濃度が連日続くことになります。気象条件にもよりますが、特に冬は原因物質の半分以上、場合によっては七～八割が中国由来だと言われています。

私はずいぶん前からこのことを心配していた人間のひとりです。一〇年ほど前に、もし中国で先進国並みに人々が自動車を使いだしたら、恐るべき大気汚染を誘発すると訴えていたのですが、残念ながら予想どおりとなってしまいました。

それにしても、年間一〇〇万人の死者というのは信じがたい数字です。いくら中共が人民の幸福に無関心だとは言え、大躍進や文化大革命は半世紀かそれ以上前の話なのに、結局いまでも中共の無能さと不作為によって、形を変えた殺戮が続いていることになるからです。

中共も、表向きは「大気汚染を減らす」と叫んでいます。しかしその実態はお寒い状況で、国家的なイベントや、国の威信がかかった国際会議、イベントが行なわれるときにだけ工場を止める命令を出し、車を規制してつかの間の青空を作り上げ、イベントが終わったら元どおりになるといいます。本気で取り組んでいるようには見えず、要するに人民の生命など考えていないという点では、昔もいまも何も変わっていないのです。

さんざん世界中から人や企業を呼び寄せて、やり方と技術を盗み、用が済んだら規制を強化して追い払ってきたのですから、大気汚染対策についても世界から学べばいいと思うのですが、なぜ腰が重いのでしょうか。本当は人口減少政策のひとつなのかもしれません。

習近平は無能か有能か

習近平は二〇一七年一〇月、五年に一度の共産党大会（全国代表大会）を経て、新たな指導部を発足させました。

ポイントは二点あると言われています。

まず、中共の最高指導部である七人の政治局常務委員メンバーが、ほぼ習近平の側近で固められ、その次の政権を担わせるような世代の抜擢がなかったことです。つまり、一強体制、独裁体制の強化です。習近平はこれからも長い間権力を担う気でいっぱいなのです。そしてもうひとつは、「習近平による新時代の中国の特色ある社会主義思想」なるものを、改正した中共の党規約に盛り込んだことです。つまり、いわゆる「習近平思想」です。

個人名が謳《うた》われているのは「毛沢東思想」と「鄧小平理論」だけですから、習近平はまさに王朝的な、皇帝的なあり方を望み、周囲にも応じるよう求めたことがわかります。

第19期中央委員会で新指導部を発足させた習近平国家主席（2017年10月25日）。権力基盤を盤石のものとした。（共同通信社提供）

さらに一八年三月には憲法を改正して、それまで二期一〇年に制限されていた国家主席の任期を自ら撤廃しました。つまり、事実上の皇帝化の完成です。実はこの任期制限、毛沢東独裁への反省から作られた条項だったのですが、主席自らが自分の任期を、形式上は無制限に延長することに成功したわけです。

はたして、習近平の目論見は成功するのでしょうか。私はその可能性はあまり高くないと考えています。

石平さんは、大胆にも習近平はそもそも最高指導者に必要な能力がないと断言されていますが、私もおおむね賛成です。これは、米中貿易戦争や香港デモへの対処で、よりはっきりとしました。

まず、よくも悪くも大国の中国において、このようにわかりやすい、そして幼稚な方法であからさまに権力を集中させようという試みは、裏を返せば習近平自身が、あまり自信を持っていないことの証明です。「くまのプーさん」と呼ばれることすら許さない、あるいは許したら自分の権威が揺らぐと考えているような人物は、小心者で、狭量である可能性が高いと思います。こうした態度は、金正恩のそれとあまり変わりません。

さらに言えば、習近平の独裁、皇帝化を許してしまっているという状況が、中共内部における人材不足を露呈していることも考えておくべきでしょう。さしたる能力もない習近平ですが、それを超えられる人材もいないのです。

それでは見方が厳しすぎるのなら、より正確に言いましょう。いまの中共は、習近平に対して何かを主張したり、新しい提言をしたりして、その結果によって出世しようとするリスクを冒《おか》すくらいなら、ひたすら無難に、長いものに巻かれることを選ぶ状況に陥っているというわけです。日本のいくつもの大企業が同じような状態になって経営を傾かせていますが、習近平政権も深刻な「大企業病」を発症するのは時間の問題だと思います。

習近平自身は、これで死ぬまで安泰かもしれません。しかし彼のあと、中共は必ず衰退していくでしょう。合理的な政策よりも個人や組織への忠誠を誓うことを追求する社会は、イノベーションを衰退させ、政治家はいつまでもセレクションと自浄作用がかからないまま官僚化し、マフィア化していきます。中共の率いる中国は、いかに世界最大の市場を抱えていようと、中共の内包している硬直した仕組みそのものによって、いずれ国際競争に負け、衰退の道を辿《たど》っていくことが予想されます。

その最大の責めを負うのは習近平になるでしょう。ただし、そうした評価が定まるのはもうちょっと先、彼の死後の話になるかもしれません。

ＡＩＩＢや一帯一路が必ず失敗する理由

中共が主導し、世界経済の秩序を自らの考えで仕切ろうとしている試みも、すでに失敗しつつあります。

二〇一五年に発足したＡＩＩＢ（アジアインフラ投資銀行）、そして同時期にＡＰＥＣ（アジア太平洋経済協力）で提唱された「一帯一路」構想がまさにそれなのですが、いくらお金があろうと、こうしたプロジェクトの中核を担っているのが、およそ人権問題で中世と大差ない感覚を維持し、とても世界の主導的立場にはなれない中共である以上、集まってくる国は実利を掠《かす》め取りたいだけで、決して心から協力する気持ちはありません。

言論の自由も民主主義もなく、自国民の命を虫けらのように扱う国を、国際的な経済発展のリーダーにするべきと考える国が、いったいどれだけあるでしょうか。ノーベル平和賞の受賞者、劉暁波《りゆうぎようは》氏を犯罪者として扱い続けた事実を、世界中の人々が知っているのです。

いま持っている経済力を振りかざせば、他国はひれ伏してついてくるというのが、いかにも中共らしい発想です。しかし、アフリカ諸国で資源目当てに投資をし、しかもその請負まで中国企業にやらせて、中国人労働者を現地に送り込み、地元には何も落ちないどころか数々のトラブルを発生させているという情報は、すでに世界各国に共有されつつあります。

先進国への押しつけがましい経済外交については、アメリカやイギリスが失敬だという答えを出しつつあります。確かにドイツをはじめとするヨーロッパ諸国は、中共との利害衝突が少なく、ビジネスのメリットだけを追求しがちですが、これも香港問題ではっきりしたでしょう。これだけの悪行を尽くしてきた中共なのですから、いずれ各国の自由と民主主義を尊《とうと》ぶ人たちのなかに、中共を嫌悪する純粋な気持ちが湧《わ》き上がってきて、ビジネスでも政治でも徐々に距離を置き始めています。

「一帯一路」の本質は、中共による経由各国・地域を手なずけたいという意図です。マネーやマーケットを与える代わりに、負債を負わせて軍事基地や通商の拠点を置くように仕向け、いつのまにか経済圏、軍事的影響下に取り込んでいこうとしているわけです。要するに、植民地化です。中共はスリランカ南部のハンバントタ港を九九年間譲渡される契約を結んでいます。港湾の建設費を返せなくなった代わりの措置だというのですが、果たしてスリランカの人々はこの状況を最初から望んでいたのでしょうか。

海上警備の拠点となっているアフリカのジブチにも、中共は港湾や鉄道、資源開発といった投資や、海賊対策などの見返りとして、安全保障のための施設を建設しています。これもまた、アメリカの秩序に対する挑戦であり、アフリカでの拠点確保でもあります。

ただし、こうした中共の意図はすでに知られつつあります。一八年、EU加盟国のほとんどは「一帯一路」に批判的な報告書を作成しました。ロシアやインドも警戒感を強めています。

その何よりの証拠は、AIIBの融資がほとんど伸びていないことです。日本経済新聞の報道（一九年七月一二日）によれば、AIIB側では加盟国・地域数は一〇〇に達するとしているものの、融資額は開業から三年半で約八四億ドル（約九一〇〇億円）に過ぎず、しかも世界銀行や、日米中心のアジア開発銀行（ＡＤＢ）などとの協調融資が六割を占めているというのです。さすがの中共でも、これでは成功と言えないでしょう。

ここにも、中共の未熟さを見て取ることができます。本来長期的な戦略に長《た》けていて、独裁であるがゆえに「安定」した政権運営が可能な中共のはずなのに、こうしたケースでは目先の競争しか見ずに失敗しているのです。これは、現時点における中共、そして中共に仕切られている企業群の本当の力、ビジョンのなさをよく示していると思うのです。

日本やアメリカは、ＡＩＩＢに参加せず、よく耐えたと思います。設立当初とは違い、すでに中共に嫌気が差している国が続出しています。「中共は信じられない」「中共には任せられない」と痛感した国々、そして、「中共と付き合っていてもメリットがない」と考え始めた国々を、日米がリーダーとなって再び抱え込むことが大切です。

第四章　韓国

——歴史を覆してまで「反日」を唱えねばならない国

百田尚樹《ひゃくたなおき》さんと語って改めて考えた韓国のおかしさ

私は二〇一七年、百田尚樹さんと対談する機会に恵まれました。その模様は書籍としてまとめられ、二〇一九年には加筆・修正のうえ新書判になりました（『いい加減に目を覚まさんかい、日本人！』祥伝社新書）。私は対談前に百田さんの話題作『今こそ、韓国に謝ろう』（飛鳥新社）を読んだのですが、特に戦前の日本と朝鮮半島の関係についてはいろいろと発見がありました。

そして、改めて韓国という国が不思議で、おかしな国だという認識を新たにしました。韓国は、分断された北朝鮮、かつて朝貢していた中国をいま支配している中共、現在の韓国という国を実質的に作りずっと後ろ盾になってきたアメリカ、そして旧宗主国であり、戦後もさまざまな援助を続けてもらいながら、いまだに反抗的態度をやめられない相手である日本に囲まれ、簡単には理解できない状況にあります。

朴槿恵《パククネ》前大統領が、長年の親友による国政介入事件で弾劾・罷免され、親北朝鮮姿勢を明確に示す左翼政権である現在の文在寅政権が誕生しました。今後の韓国が、短期的には北朝鮮、そして中長期的には中共という厄介な国を抱える東アジアに何をもたらすのか、無益な反日をいつまで続けるつもりなのかについて、日本は注意深く観察し、また状況を賢《かしこ》く利用していく必要があると感じています。

韓国人は、私にとって非常にわかりにくい人たちです。もちろん、アメリカ人である私には、日本人の考え方を理解するのにも相当の時間がかかりましたが、日本人と韓国人は明らかに異なっています。

私は常にニュートラルな立ち位置から日本人と韓国人の関係を考えているつもりですが、どうしても日本人の立場に引き寄せられてしまいます。というより、なぜ執拗《しつよう》に韓国人は「反日」にこだわっているのか、心の底では理解ができないのです。

かつて呉善花《オソンファ》さんに伺った話では、多くの韓国人は、日本や日本人に対する「二面性」を持っているそうです。表向きは反日を唱えながら、心のなかでは日本社会や日本文化、そして日本人にも好意を抱いているといいます。確かに、日本を訪れる韓国人は、輸出規制に対する「不買運動」が起こる以前の二〇一八年で七五二万人でした。韓国を訪れる日本人は、人口が二・五倍なのに、半分以下の二九五万人（同年）にすぎません。観光資源の豊富さ、日本の食や温泉、人の謙虚さ親切さ、おもてなしの心、町の美しさなど、大切な休暇を過ごす旅行先としての魅力も純粋にあるのでしょうが、いずれにしても韓国人は、日本が一〇〇％嫌いだという単純な考えでもなさそうです。

それならばなぜ、彼らはもう一面の「反日」にいつまでもこだわり続けるのでしょうか。中共の繰り出す反日は国際社会に向けた戦略の一環であり、同時に自分たちの非道さを覆《おお》い隠すための道具です。では、韓国はどうでしょうか。いつまでも駄々っ子のように同じ話を繰り返し、何度謝罪しても決して受け入れず、ついには国家間の約束や合意ですら平気で無視する国になっています。自ら好き好んで自国の信用を落としているのです。

慰安婦合意にしても、文在寅大統領は「国民感情として受け入れがたい」と強調し、元「徴用工」問題では、「日本が謙虚になるべき」「韓国が起こした問題ではない」と主張しますが、とんでもない一方的な話です。国民感情を最優先にして、国家間の約束に手のひら返しを行なう大統領の態度が、常識的な国際社会で通用すると本気で考えているのでしょうか。韓国国民の国民感情を「国際法や条約よりも重視せよ」と、すべての国に向けて言うのでしょうか。

反日を続ける限り先進国になれない

韓国のこうしたおかしな考え方、物言いは、特に日本に対するとき露骨に出てきます。戦後の日本人が「自虐史観」に染められたとすれば、韓国人は自己を過度に大きく見せようとする「自尊史観」とでも呼ぶべきものに染まっています。自尊自体悪いことではないかもしれませんが、度を越せば、必ず自国への手痛いブーメランとなります。

文在寅政権以前にも、韓国には「日本に対してなら道理にかなわないことを言っても構わない」とする風潮が見られました。慰安婦合意前の朴槿恵前大統領による「告げ口外交」も、李明博《イミョンバク》元大統領の天皇陛下に対する謝罪要求発言も、さらにその前の盧武鉉《ノムヒョン》元大統領の、日本に対する武力行使発言や、アメリカに対して日本を仮想敵国にするよう求めたことなど、およそ現代において一国を率いる指導者の言動とは思えません。韓国がなかなか先進国になれない所以《ゆえん》が、このあたりにあるかもしれないと感じています。

ここでも、呉善花さんにお聞きした話を思い出します。韓国人が心を奪われるのは、ただ強いだけでなく、「強くて威張る人」なのだそうです。反対に、おとなしくて自己主張をしない、たとえば安倍首相以前の日本の多くの総理大臣などは、バカにされる対象になります。反対に、習近平のような尊大さの塊《かたまり》のような人物は、それがいまの韓国にどのような影響を与えているかは別として、畏怖と尊敬の対象になります。

日本人は謙虚という価値観を重視しますが、韓国人にこの感覚はありません。「実るほど頭《こうべ》を垂れる稲穂かな」というのはあくまでも日本人的な感覚で、韓国人は、自分にたとえ非があろうと、とにかく大きな態度に出ることが大切なのです。自省や反省というのは敗者だけがやるべきものであって、韓国人が「韓国は戦勝国だ」と言い続ける限り、彼らが歴史を直視して自省すべき理由はないのです。第一、どこの戦争に勝ったの？　これが、とりわけ「敗戦国」である日本に対する「自尊史観」の元になっているのではないでしょうか。

したがって韓国人は、「いつまで経っても謝罪しない悪者・日本」の国力や発言力が韓国よりも大きいことに、ねじ曲がった感情を抱くようになるのです。その典型的な例が、二〇一六年のオバマ前米大統領の広島訪問に対する、難癖とも言える韓国人の反応でした。

韓国人にとって日本は未来永劫「加害者」であり、常に謝罪すべき存在です。それなのに日本は、ドイツとは違って、過去の反省をしない厚かましい国だと考えています。

にもかかわらず、オバマ前大統領は広島までやってきて演説し、被爆者とハグしました。その後、安倍首相はハワイを訪れて真珠湾に沈んだ戦艦アリゾナの犠牲者に献花し、祈りを捧げました。こういった日米間の関係を見て、韓国人は無視されているかのような感情を抱くようです。そして日本は、「アメリカを抱き込むために、相当のロビー活動を

韓国大統領府で開かれた国賓晩餐会でのトランプ米大統領と「元慰安婦」の李容洙《イヨンス》さん。左は文在寅大統領。 （共同通信社提供）

しているのだ」と決めつけます。

韓国政府はアメリカに対し、広島で亡くなった朝鮮人の犠牲者にも配慮するよう要求し、オバマ大統領は演説でそのことに触れました。しかし、慰霊碑に立ち寄らなかったことには難癖をつけます。恩讐を乗り越えて努力を重ねている日米と比べ、どうしてこうも子供じみた反応しかできないのでしょうか。それとも、日米を自分たちのレベルまで引き下げようと必死なのでしょうか。一七年一一月にトランプ米大統領がアジアを歴訪した際にも、同じようなことを韓国はしでかしてくれました。まず、「日本には二泊するのに、なぜ国賓待遇として迎える韓国には一泊しかしないのか」と、外交ルートを通じてアメリカ側にスケジュール変更を要請していたことがわかりました。「自分たちはアメリカに嫌われているのかもしれない」という焦燥感と「日本よりも下に見られている」という嫉妬心が手に取るようにわかって、アメリカ人の私からすれば「片腹痛い」のひと言でした。

ところが、今度はトランプ大統領を迎えた晩餐会に「元慰安婦」の女性を招き、竹島《たけしま》（韓国名：独島《トクト》）近海産のエビを使った料理をわざわざメニューに加えるという、ちょっと驚くべきニュースが飛び込んできました。アメリカには直接関係のない日韓間の「問題」をここで盛り込むとは……。アメリカに軽く扱われたと思い込み、劣等感を味わった自国民に向けてガス抜きの「反日パフォーマンス」を行なったのでしょうが、やり口のレベルがここまで低いと、開いた口がふさがりません。

文在寅「一七年八月一五日演説」にセットされていた反日時限爆弾

私は、個々の韓国人がみなそこまでレベルが低い人ではないことを知っていますが、良識と常識を備えた韓国人は少数派であり、彼らは一歩間違えば社会的に抹殺されかねないという韓国社会の現実も知っています。そして文在寅政権の動きを見ていると、まだまだ国民の反日感情を利用して政権運営をしようという意志に満ちあふれていると感じます。

二〇一八年の元「徴用工」に対する賠償判決の確定、そして一九年に入ってからは、文在寅政権の唯一の「成功」だった米朝交渉、南北関係改善が行き詰まると、雪崩《なだれ》のように反日攻勢に出てきたのです。実はそのヒントは、約二年前からわかっていたことでもあります。

一七年八月一五日、文在寅は演説で、「二年後の二〇一九年は大韓民国建国と臨時政府樹立百年」と明言しました。ここには強力な反日につながりかねない衝撃的な仕掛けがあったのです。

日本で八月一五日は「終戦の日」ですが、韓国にとっては「日本の植民地支配から解放された日」という意味を持ち、光復節《こうふくせつ》という祝日になっています。そして、この日に大統領が行なう演説は、毎年歴史認識や外交関係にどう触れるかが注目され、特に一七年は親北反日反米政権と言われている文在寅大統領の初の演説だったために、何をどのように表現したのか、日本でも報じられました。

日本のマスコミが伝えた内容は、おおむね「穏当だった」というものでした。文在寅が歴史問題の解決の重要性に触れながらも、それが日韓関係の「未来志向の発展を引っ張り続けることは望ましくない」と述べたこと、つまり、主に北朝鮮問題での連携を念頭に、日本とは、過去の問題と現在の現実である外交安全保障問題を分けて付き合う、いわゆる「ツートラック」外交を志向したことが主に報じられました。もはや懐《なつ》かしささえ感じられる話ですが、反日的と言われていた大統領の割にはトーンが弱く、ホッとしたような受け止め方だったように感じます。「二〇一九年を韓国建国百年にする」と明言したことにはあまり関心が集まりませんでした。

しかし、これは日本に対する大きな問題となる可能性を含んでいたことが、いまならわかるはずです。

国際的な常識でも、大半の歴史学者の考え方でも、韓国の建国は一九四八年です。日本の教科書にも、CIA（米中央情報局）が発行する『ワールドファクトブック』にもそう書かれています。日本が去り、アメリカの軍政を経て、アメリカの支援によって作られたのが、いまにつながっている大韓民国政府です。

いっぽう、一九一九年、日本からの独立運動として知られる三・一運動の後、独立運動家が上海に「大韓民国臨時政府」を樹立しています。現在の韓国の憲法には、前文で「三・一運動により建立された大韓民国臨時政府の法統」に立脚すると明記されていますが、臨時政府は日本が去るまでの間、国家として国際的に認められる三要件を満たしたことはありません。つまり朝鮮半島に領域を持ったことも、国民を持ったこともなく、権力を行使したこともありません。当然、臨時政府は連合国の一員ではなく、承認した国もありません。

韓国国内でも、建国が何年なのかは常に論争となってきました。主に保守派は四八年説を支持してきたのに対し、左派は一九年を主張し、学校でもそのように教えられることが多いといいます。

建国の「精神」を一九年に求めることは可能かもしれませんが、実態のある国家としての連続性は、世界的に認められていませんし、韓国政府もそのように説明してきたはずです。そこにあえて文在寅は踏み込んでいたのです。

一九一九年以降の日本統治はすべてが「不法行為」？

これが韓国における反日にどんな影響を及ぼすのでしょうか。日韓併合条約は国際法上何も問題がなく、日本による朝鮮半島の統治は言うまでもなく合法でした。そこで日本が何をしたかを韓国人が批判することはできるかもしれませんが、日本が統治できる立場にあったこと自体は否定などできません。

しかし、一九一九年に大韓民国臨時政府が設立され、それがいままで続いているという立場を取ると、一九一九年以降日本が朝鮮半島を統治してきた行為すべてが、本来の大韓民国の土地と国民を「不法に」統治し、韓国政府の主権を侵している「不法行為」だと定義できることになるわけです。

ということは？　慰安婦問題も、そして後述する「強制徴用」と韓国が主張している問題も、すべて不法な統治のもとで行なわれた行為のために、当時の日本による法令を守っていたかどうかを論じる必要がなくなります。そして日韓基本条約でも、その後の謝罪等も、「不法行為に対する損害賠償をしたものではない」と言い出せば、改めて賠償が請求できることになってしまうわけです。あくまで彼らの理屈のうえでは、ですが、ここ数年、元「徴用工」問題で韓国側が主張しているのは、すべてこのロジックに基づいているわけです。日本が「基本条約と請求権協定に違反している」と反論しても、韓国は「そもそも不法行為に関しては取り決めていない」というやり方で、事実上骨抜きにするつもりなのです。

百田さんの話を借りると、それならば日本が行なったダムや治水工事、病院や学校の整備、植林や鉄道網の整備なども、すべて「不法行為」になるはずですが、そんな相手を一方的に利する不法行為があるのでしょうか。

現在の韓国における反日は、左派の文在寅が右派を攻撃するための道具、レッテル貼りという側面もありますが、政権運営がうまくいかなくなるほど、国内世論への対策として反日を持ち出すことはよくある話です。つまり、文在寅政権は就任当初からいつでも反日カードを切れるよう、あらかじめ時限爆弾を仕込んでいたようなものだったのです。

ストーリーありきで歴史を書き換える韓国

韓国人はひんぱんに「歴史を忘れた民族に未来はない」と言います。スポーツの国際試合などでこの言葉を掲げる韓国人はあとを絶ちません。

この言葉は、最近「歴史を直視しない日本人は悪い奴らだ」という意味で使われますが、室谷克実《むろたにかつみ》さんによれば、本来は韓国人の歴史家が、韓国人自身に向けて、「国を失った屈辱の歴史を忘れてしまうと再びやられる」という警告の意味で使っていたそうです。

これだけでも、いかに韓国人が「歴史を直視しろ」と言いながら、自分たちは都合よく歴史を書き換えてきたのかがうかがえますが、「一九一九年建国説」も、日本を貶め、自分たちはあくまで日本の統治に反抗していたというストーリーを優先して歴史を書き換えようとする、彼ら独特の歴史観なのです。

しかし、日本が朝鮮半島で行なったことがよかったか悪かったのか以前に、なぜ当時の大韓帝国は日本に統治されるに至ったのか、もし日本に統治されていなければどうなっていたかを考えることはありません。中国の「冊封国」のままだったら？　ロシアに征服されていたら？　こうしたことは無視します。

北朝鮮の金日成《キムイルソン》も、自らの正当性を誇るために抗日運動の英雄であったかのような「歴史」を強調していましたが、終戦時に三三歳の若者にすぎない金日成は、本当は別人であったという説が有力です。つまり「本物の英雄である金日成」がいて、その経歴を「戦後ソ連の後押しで金日成を自称した人物」が乗っ取ったというのです。歴史の書き換えは、南北共通のことなのかもしれません。

こうした事実を軽視する考え方の人たちと歴史をすり合わせることは、簡単ではないどころか、おそらく不可能です。かつて二〇〇二年から行なわれた日韓歴史共同研究では、日本の研究者が学問的に事実を追究し、韓国側の誤りを正そうとすると、韓国人の研究者は「韓国に対する愛情がない」と言って抵抗し、話が進まなかったといいます。彼らにとって韓国の歴史を研究している日本人の研究者は、みんな「韓国に対する愛情」を持っていなければならず、したがって韓国側が正しいと規定していることに反対してはならないわけです。これは、およそ歴史学から離れた自己絶対主義であり、彼らにとって歴史とは、すべて現在の彼らの論理と都合によっていかようにでも変えられるものだということです。それが国際常識から大きくかけ離れていることは指摘するまでもありませんが、特に日本相手だと何を言っても許されるという意識が強くあるようです。

皇室を敬っていた安重根がなぜ「反日」の英雄なのか

一九〇九年、当時韓国統監だった伊藤博文《いとうひろぶみ》を暗殺し、韓国では独立の英雄、「義士」として崇められている安重根《アンジュングン》についても、結局現在の韓国人が利用しやすいように、勝手にイメージが操作されています。これは、韓国から見れば英雄であっても、国際的にはテ

ソウル市南山公園にある安重根義士記念館を訪れた。都合よく切り取られた歴史がそこにはあった。　（小学館 SAPIO 編集部提供）

ロリストにすぎないという指摘よりも、もっと深刻でわかりにくいものです。

中国・大連の郊外に、旅順《りょじゅん》日露監獄旧趾博物館という観光地があります。かつてロシアが建設し、日露戦争後は日本が拡張して使用した監獄で、安重根が収監され、裁判を受け、処刑された場所です。

一般の韓国人がよく知らない事実があります。それは、この地で安重根は、本来敬虔《けいけん》なクリスチャンである自らが犯した罪を、犯行当時はよく理解していなかった事実、そして、反日思想を持っていたわけではなく、日本の皇室に敬意を払い、日本が大韓帝国の皇太子・李垠《イウン》の教育に力を尽くしていることなどに感謝の言葉を述べていた事実です。

しかし、当時の資料を読めば誰でもわかるこうした事実は、現在の韓国では不都合な歴史になってしまうのです。「安重根は韓国の独立に貢献し、反日の義士だった」と一方的な解釈で埋め尽くし、彼の本当の気持ちを知ろうとはしません。

私はソウルにある安重根義士記念館を訪問したことがありますが、ここにあったのは都合よく切り取られた歴史だけでした。さすがに気まずいのか、韓国語、中国語、英語の説明だけで、日本語の説明はありませんでした。

日本が悪いことをしたかどうか、反日が正しいかどうか以前に、これでは、安重根に対する冒瀆《ぼうとく》であり、歴史そのものに対する冒瀆です。

振り出しに戻った「慰安婦問題」——そして像は乱造される

文在寅の演説と前後して、韓国内外では慰安婦像がどんどん増殖するような状況となりました。路線バスの座席に座らせる、観光地として日本人も多く訪れるソウル都心の広場にミニチュアの慰安婦像五〇〇体を並べるといった行ないは、もはや二〇一五年の日韓合意など本当にあったのか、疑問を抱きたくなるほどひどいものです。

韓国政府は、こうしたことをあくまで民間がしている行為だとして、政府としての関わりを否定していますが、本当にそうでしょうか。バス会社はソウル市の許可なしに運行できるわけではありませんし、当の朴元淳《パクウォンスン》ソウル市長が初日に乗車し、マスコミに写真を撮らせています。また、韓国挺身隊問題対策協議会（挺対協《ていたいきょう》）が公共の広場をミニチュア慰安婦像で埋め尽くすには、それに対する許可、もしくは黙認を受けないと実行できません。積極的にせよそうでにないにせよ、国や自治体がこうした民間人の動きを容認し、後押ししていることは間違いありません。

なお、この時期に慰安婦像が続出する理由は、慰安婦問題を主導している市民団体が、終戦の日（＝光復節）の前日である八月一四日を、「世界慰安婦の日」と定めていたからです。そして文在寅政権になって、一八年からは韓国政府の定める「法定記念日」としてこの日が「日本軍慰安婦被害者をたたえる日」に制定され、ついに政府主催の式典が開催されるようになりました。

私は、この問題については常々怒りが収まりません。慰安婦問題というのは、出発点からしてそもそもおかしく、日本軍による朝鮮女性の強制連行は完全な冤罪であるにもかかわらず、韓国は日本をなじり続け、日本は謝り続け、どうにか二〇一五年の合意を結びました。それでも韓国は、なお「新たに国民が納得できる合意が必要」などと主張して、このバカげた活動をやめません。

慰安婦問題は最初からおかしな話だった

そもそも「従軍慰安婦問題」の内容を正しく認識している人が、韓国と日本の両方に少ないことが問題です。

日本軍は確かに、慰安所という名の売春施設を使っていました。そして性病の予防や軍人の健康管理のために日本軍や日本政府が、慰安所の運営に一定程度関与していたことも事実です。しかし、そこで働かせる朝鮮人女性二〇万人を強制連行したという事実は存在しません。慰安婦は陸軍大将を上回るほどの高額報酬を稼げましたから、自ら募集に応じた女性もいれば、親に売られた女性もいました。強制連行しなくとも慰安婦の数は充分でした。強制連行があったという話は、元慰安婦の証言以外に具体的な証拠が何もありません。

軍人が慰安所や慰安婦を使う行為そのものは、少なくとも現代の価値観ではいいこととは言えないでしょう。ただし、それは世界中の軍隊が歴史上してきたことですし、実は現代でも行なわれています。当然、戦後の韓国軍も含まれます。

しかも、挺対協の名前にある「挺身隊」という言葉の意味そのものから間違っているのです。「女子挺身隊」とは当時、勤労奉仕に従事していた女性たちのことであって、慰安婦とは関係ありません。そこを誤解したまま、女子挺身隊の人数がまるごと慰安婦にされたなどという珍説にまで暴走してしまうのです。冷静に考えて、人口約二五〇〇万人だった当時の朝鮮半島から、若い女性ばかりが数十万人も連れ去られるような大規模な人権侵害があれば、疑いようのない、消し去りようのない証拠が無数に残されているはずです。娘を奪われた家族の証言も出るでしょう。

悔やまれるのは、日本政府も強制連行の事実は認めていないものの、韓国側の言うなりになって謝罪や資金の拠出を受け入れてしまったことです。その元凶となった「吉田清治《よしだせいじ》証言」をばらまいた朝日新聞は断罪されるべきですし、日本人に対してはもちろん、朝日は韓国人にも大いに謝罪すべきです。ウソのニュースを伝えたことで無駄なエネルギーを使わせ、日韓関係を決定的に損ねてしまったからです。

朝日新聞社は韓国の全国紙にきちんと訂正謝罪記事を自費で掲載すべきであり、日本国民はそれを同社に要求するべきです。そして事なかれ主義を貫いてきた日本政府、外務省は、自分たちが日本という国を貶めてきた事実と向き合うべきです。

それでも、この誤報を元に、政府としてありもしない慰安婦問題への関与を認めてしまった一九九三年のいわゆる「河野《こうの》談話」を、二〇一五年に安倍首相が、軍による強制連行いわゆる「狭義の強制性」を否定したことで、私の心はいったん落ち着きました。ようやく日本政府がいい方向に向かいつつあることを実感できたからです。

そのため、同じ年の年末、慰安婦問題の日韓合意が発表されたとき、たまたまアメリカにいた私は、丸一日完全に落ち込んでしまいました。それはちょうど締め切り間際だった本の原稿を書き直す羽目になったからではありません。再び、しかも安倍首相ともあろう人までが、「責任を痛感する」などと表明し、お金まで払って韓国に屈するのかと考えたからです。

ただし、一日経ってみると、これは現実的な日韓関係をベースに、よく考えられた仕組みであることがわかりました。アメリカ政府が積極的に合意を歓迎し、実際にはバイデン副大統領（当時）がコーディネートしていたことも、安心感につながりました。

この合意は、日韓だけでなく、アメリカをはじめ全世界に向けて、この問題を「最終的かつ不可逆的に」解決することを宣言したものです。お互いの外務大臣が世界のマスコミとテレビカメラの前で握手したのです。したがって、これ以上一切譲る必要も、謝罪する必要もありません。合意を破り、否定すれば、韓国は世界から非難を受けます。誤解の上に混乱を重ね、収拾がつかなくなっていた問題がようやく終わるのですから、これまでの譲歩一辺倒だった外交とは画期的に異なるものだったのです。

現在における韓国側の本音は、実は案外シンプルなのです。この合意を結んだのは保守派の朴槿恵前政権であり、朴前大統領はその後、いわゆる国政介入事件で左派とそれに焚きつけられた国民から総攻撃され、弾劾裁判で罷免されました。左派政権である文在寅政権は、保守派が残した成果など決して認めようとしません。認めれば、左派の支持を失います。

ただし、そんな現政権でさえも、この日韓合意が国際的にまったく揺らぐ余地がなく、正面から覆せば世界中から非難を浴びることを知っています。だからこそ、はっきりと破棄を宣言しません。「国民感情として……」とか、「民間団体が……」と他人事《ひとごと》のように触れるのはすべて言いわけであり、政府が表に立てず、身動きが難しいことを如実に意味しています。

合意によって日本政府が拠出した一〇億円を元に作られた「和解・癒《い》やし財団」は一八年一一月に韓国側によって一方的に解散され、合意は事実上無効化されています。しかし韓国政府の公式な立場では、いまも合意は有効なのですから驚きです。本音では破棄したと国内向けに説明したくて仕方がないのに、いったん国際社会に合意を宣言してしまったからこそ、もう言い出せないわけです。だからこそ、やはりこの合意は非常に意味の大きいものだったのです。

アメリカに出現する慰安婦像と中共工作

最近は、慰安婦像をアメリカの公有地に作る動きが加速しています。ロサンゼルス郊外のグレンデール市や、ジョージア州ブルックヘブン市、サンフランシスコ市、ニューヨークに設置され、最近ではワシントン郊外に五体目が作られたというニュースが流れました。

ただし、この動きは、韓国国内の動きとは少し分けて考えなければならないようです。というのも、背後に中共の動きが垣間見えるからです。

まず、中共の基本的な考え方を整理しておく必要があります。日韓関係は必ずしも当事者同士の話だけで進むわけではありません。東アジアの外交安全保障を強化したいアメリカはできるだけ日韓を和解させようというインセンティブが働きます。それとは正反対に、中共や北朝鮮は、できるだけ自分たちに有利な状況を作るため、日韓相互の悪感情を利用して、日米韓の連携を引き離そうと狙っています。

米国内での慰安婦像の設置は、韓国系というよりも中共のロビー団体が主導しています。カリフォルニア州グレンデール市に本部を置いている中共のロビー団体である『世界抗日戦争史実維護連合会（抗日連合会）』です。

サンフランシスコが、すでに市議会が中国系の議員に牛耳《ぎゅうじ》られている特別な都市だということはアメリカでもよく知られていますが、サンフランシスコでは設置場所がチャイナタウンの近くにあるセント・メリーズ公園横の私有地で、主導したのも中国系が中心の『慰安婦正義連合』という団体です。私有地は市に寄付され、公共物化が図られました。

二〇一七年九月二二日の除幕式には、駐サンフランシスコ中国総領事も出席しています。姉妹都市である大阪市の吉村洋文《よしむらひろふみ》市長（当時）が、「性奴隷」や「数十万人」などといった虚偽表現に対してサンフランシスコ市長あてに懸念を伝えましたが、「民間のプロジェクトである」として相手にしていません。それもそのはずです。当時のリー市長は中国系だったのです。

中共が裏で糸を引いている可能性は極めて高いと言えるでしょう。しかも、この行為は中共にとって費用対効果の高い「ビジネス」です。もともとヒビが入っている日韓を引き離すことだけではありません。韓国を焚きつければ、日米の信頼関係にも風穴を開けられます。あるいは、日本と韓国の間でアメリカを巡って駆け引きをさせることで、日米韓の関係まで壊せるわけです。

したがって、日本人があまり韓国叩きをすると、中共の思惑にまんまと乗せられる結果にもなってしまうことには充分気をつけるべきでしょう。思えば、ハルビン駅に安重根記念館が作られたのも、中共による同様の戦略の一環です。その証拠に、中韓関係が悪くなるとたんに閉鎖されたりするのですから。

もうひとつ日本人に知っておいてほしいことがあります。一般のアメリカ人は、慰安婦像など存在すら知りませんし、興味もありません。これといった話題になっているわけではないということです。

特に、アメリカ人には、何十年も前のことをいまだに恨《うら》み続ける感情が、根本的に理解できません。したがって、中国や韓国が反日の要素を持ち込んでくること自体、アメリカ人にとってはいい迷惑なのです。

『帝国の慰安婦』有罪を弁護士・文在寅はどう見る？

韓国は、法体系のさらに上位に「国民情緒法」という論理があって、民心が大きく動いたり、政権が替わるたびに司法判断が変わったりすることは、弁護士の私には心の底から理解に苦しむところです。

朴槿恵前大統領の罷免も無理筋でしたし、あとで述べる日韓請求権協定を事実上無視してよいという判断も、およそ世界的な法治主義の基本に則《のっと》っているとは言えません。

そして、何よりも大切にすべき言論の自由や学問の自由さえ、反韓国的なものについてはあっさり踏みにじってしまう国です。もっとも、日本のように反日本的な活動を野放しにしている国もそれはそれで問題ですが。

ところで、二〇一七年一〇月、他にも頭を抱えたくなるニュースがありました。慰安婦問題を研究している朴裕河《パクユハ》世宗《セジョン》大教授の著書『帝国の慰安婦』（邦訳版：朝日新聞出版）の内容が名誉毀損に当たるとされていた刑事裁判で、ソウル高等裁判所が、一七年一月の一審無罪判決を覆し、罰金一〇〇〇万ウォン（約一〇〇万円）の逆転有罪判決を下したというのです。

裁判は大法院（最高裁）に上告されていますが、私は、この裁判の存在そのものがどうかと考えてしまいます。学者の研究成果に対して検察が名誉毀損だと起訴し始めたら、それは全体主義国家の秘密警察と何も変わりません。それでも一審で無罪判決が出たことで、韓国の司法もまだしっかりしていると安心したものです。そこに届いた控訴審での逆転有罪判決報道は、歪曲や名誉毀損を論じる以前に、単に政権が変わったことによる判断の変化ではないかと疑わざるをえません。文在寅政権による慰安婦問題の蒸《む》し返しを、裁判所がお膳立てしたのではないかという意味です。

いずれにしても、学者の研究をこうした形で断罪することは、およそ現代の自由主義国家では考えられないことです。韓国の学者たちはもっと声をあげるべきです。

そして、文在寅大統領ご本人は、この判決をどう見ているのでしょうか。彼が正真正銘の人権派弁護士であれば、こうして学問の自由と学者の人権が侵害されている韓国の現状に、平静でいられるはずはありません。

文在寅政権は「ライダイハン問題」をどう処理するのか

ところで最近、韓国軍にはとても戦前の日本を責められない汚点があることが知られてきました。その代表は、ベトナム戦争時に現地女性をレイプして、大勢の混血の子どもたたちを最大数万人も遺棄した、いわゆる「ライダイハン問題」です。「ライ」はベトナム語で混血を意味し、「ダイハン」は「大韓」のことです。

これは韓国国内でも以前から問題になっていたことですが、二〇一七年に入って、イギリスに民間団体『ライダイハンのための正義』が設立され、一九年には「ライダイハン母子像」を製作し、ロンドン・ウエストミンスターのセント・ジェームス・スクエア・ガーデンに設置・公開しています。今後もさらに設置を続ける意思があるようです。

私は、現時点でこの団体がどういった経緯で作られ、活動しているのかを知りません。ここでは、この団体の存在と今後の活動が、場合によっては慰安婦問題の欺瞞を解く鍵にもなるし、逆に日本が追い込まれるきっかけとなる可能性もあることを指摘しておきたいと思います。

まず、ライダイハン問題の盛り上がりでベトナム人の感情が反韓に向かい、韓国が日本に対してしているように、今後もし外国公館の保護を定めているウィーン条約に反して在ベトナム韓国大使館の前に像が建てられるようなことがあれば、一般の韓国人にとって、自分たちが日本にしていることを客観視するいいきっかけになるでしょう。

しかも、ライダイハン問題は慰安婦問題とは違い、逃げも隠れもできない真実です。レイプの被害にあった当事者もまだ数百人単位で存在しています。そのとき、韓国政府や一般の韓国人は、ベトナムに対して謝罪できるのでしょうか。日本をこれだけ批判してきたのですから、きちんと謝罪せざるをえないはずです。

日本が「逆ブーメラン」に注意すべき理由

もうひとつの可能性についても触れておきましょう。あくまでも「可能性」の話ですが、現実化すれば危険です。

まず、韓国国内におけるライダイハン問題は、かつて保守政権の時代、左派が政権側を攻撃する材料として使ってきた経緯があります。保守政権とそれを支持する人たちにとっては、ベトナムでアメリカを助けて戦った歴史は、彼らが「血盟《けつめい》」と呼ぶ米韓同盟の結晶であって、そこで戦った将兵は英雄でなければなりません。決してレイプ犯呼ばわりはできませんし、実際に当事者の多くがまだ存命のはずです。したがって、保守政権の間、ライダイハン問題は韓国国内でタブーとされてきました。

しかし、現在は左派の文在寅政権です。あとでも述べますが、いま韓国ではさまざまな過去の事件を「検証」するという名目で、保守派の歴史を葬り去る総攻撃が行なわれています。ベトナム戦争を誇らしいと感じているような保守層は、まさにその対象です。

同時に注目すべきは、現在の韓国にとって、ベトナムの存在は無視できないことです。というのも、韓国は早くからベトナムに投資をしてきた経緯があり、また最近では中韓関係の悪化によるリスク分散から、東南アジア諸国を生産拠点としても輸出先としても重視していて、ベトナムの国民感情を悪化させることは避けたいはずです。

となると、文在寅政権は、ベトナム側に対して「完璧な」謝罪と補償を行ない、土下座外交をすることに、大きなメリットが生じることになります。

国内的にはベトナム戦争での韓国の振る舞いを反省することで保守派を貶めることができます。特に文在寅政権を支持している若い層や女性に対して、年配の保守派に対する悪いイメージを植えつけることができ、同時に、素直に謝罪をする善者である自分への尊敬を高めることができます。

ベトナムに対しては、これまでどおりの関係を続け、場合によっては謝罪含みでの投資を増やすことで一層韓国の存在感を増すこともできます。文在寅や、女性外務大臣の康《カン》京和《ギョンファ》なら、現地に出向いて被害者を抱きしめるくらいのパフォーマンスはお手の物でしょう。

すでにソウルのベトナム大使館前では、挺対協によってベトナム人に謝罪するデモが行なわれているようです。

するると、日本はどういう立場になるのでしょうか。文在寅は日本に対して、「自分がベトナムの人々にしたようなことを日本が韓国にするよう求める」と暗に主張できるわけです。そもそもライダイハン問題は歴史的な事実であり、まったくの虚偽である「二〇万人強制連行」の慰安婦問題とは本質的に異なるのですが、韓国国内では同質であるかのように国民に信じ込ませることができるはずです。

日本のメディアは、ライダイハン問題を韓国への「ブーメラン」と捉えているようですが、それがもう一度日本に戻ってくる可能性についても、あらかじめ考えておいたほうがよいでしょう。

こうした話を整理する際には、必ず第三国を巻き込むことが大切です。それについては第五章で述べることにします。

あまりに非現実的な「徴用工」問題

文在寅政権以降、改めて慰安婦問題と並んで浮上してきたのが、かつての朝鮮人徴用工に関する問題です。韓国の主に左派は、これを「強制徴用」と呼び、損害賠償請求や「徴用工像」の設置などを通して、新たな反日の象徴にしようという動きが高まっています。

しかし、これは韓国側に理がないことばかりです。

まず、徴用工問題とは実際にどういうことなのか、これまでどのような流れをたどってきたのかを整理しておきたいと思います。

「徴用」とは、一九三九年に公布された国民徴用令で決められたものです。前年に施行された国家総動員法のもと、戦争に向けて総力を結集するため、政府が労働力をほぼ自由に采配できるようにし、軍需産業などに人を割り当てる制度です。

鋭《するど》い方ならこの時点でもうお気づきでしょうが、韓国側で使われている「強制徴用」という言葉自体、すでにおかしいのです。徴用は日本国民に課せられた義務であり、その時点で一〇〇％「強制」です。そこにわざわざ「強制」という言葉をつけていることに、強制連行や強制労働といった、より悪辣《あくらつ》なイメージを植えつけたい意図を感じざるをえません。

そして、徴用は当時の朝鮮人（もちろん国籍は全員日本人）を狙い撃ちにしたものではありません。むしろ、朝鮮人に徴用が適用されたのは、いよいよ戦局が厳しくなってきた四四年九月になってからです。それまで朝鮮人は、むしろ「強制徴用」の適用を除外され、自発的に、あるいは政府のあっせんでやってきていたわけです。日本人男性が続々徴兵され、労働力が不足してきた結果、適用除外をやめたのであって、朝鮮人を狙い撃ちにしたわけではありません。付け加えれば、朝鮮人はそれまで徴兵もされていません。見方によれば、日本人より優遇されていたわけです。

こうして、四四年以降に、朝鮮人徴用工が日本の工場や鉱山などの事業所に派遣されて働きました。

これを「強制連行」や「強制労働」と捉えるのは、あまりに曲解です。徴用令状を受けて日本に移動することが当時の日本臣民の義務だったことをもって、なぜ強制連行と呼ぶのでしょうか。それならば、召集令状をもらって戦地に送られた日本人も、元の職場を離れて徴用先の会社に通っていた日本人も、みんな強制連行されていたことになってしまいます。

「強制労働」というのもまったく当たりません。徴用はあくまで労働力を国家が統制することであって、具体的には誰がどこの職場で働くかを国が決めるということです。決められた職場にはあくまで働きに行くのであって、当然給料をもらうわけです。

朝鮮人徴用工が厳しい労働環境の職場に配置されたこと自体は、必ずしも否定できることではありません。戦争の遂行には石炭が重要でしたし、当時の常識として、この総力戦に敗れれば大日本帝国は滅亡すると考えられていたのですから、危険で厳しい環境であっても石炭の採掘を続けなければならなかったわけです。そして、かつてその作業を担当していた日本人は、すでにもっと厳しい戦地に送られているわけです。

もちろん、残念ながら命を落とした人や怪我をした人、終戦の混乱のなかで報酬を受け取れなかった朝鮮人もいたでしょう。しかし、こうした方への補償問題は、一九六五年の日韓基本条約と同時に結ばれた『請求権協定（財産及び請求権に関する問題の解決並びに経済協力に関する日本国と大韓民国との間の協定）』ですべて解決済みです。日韓両国と国民の間の請求権は完全かつ最終的に解決され、同時に韓国側は日本から経済支援を受け取ったのです。

なお、終戦時に日本に残っていた朝鮮人徴用者は、基本的に朝鮮半島に戻れたものと考えられます。外務省によれば、五四年の時点で日本にいた在日韓国・朝鮮人のうち、徴用によってやって来た人は、本人の意思による二四五人だけでした。

つまり、どこからどう見ても、韓国側の主張には無理があるのです。

「徴用工像」とウソ映画『軍艦島《ぐんかんじま》』の顚末

こうしたいきさつは、韓国政府ももともと認識していたものと考えられます。文在寅も、徴用工問題について、「政府間では解決済み」だと明言しています。

しかし、ここにも逃げ道があります。「政府間では解決済み」ということは、個人間、具体的には徴用工やその遺族と徴用先の企業の間では未解決だという認識を暗示しているのです。

二〇一二年、韓国の最高裁判所が「植民地支配に絡む被害に対する個人請求権は消滅していない」という初めての判断を示したため、表向き韓国政府は「民間同士」であるこの問題に手を出せなくなったという言い訳が成立しています。実際これ以降、三菱重工業など当時徴用先となった企業を相手に裁判が複数起こされ、一八年、最高裁でついに確定したわけです。こうして日本企業は、本当に賠償金を支払うか、代わりに韓国国内の資産を差し押さえられることになったわけです。改訂作業をしている一九年一一月の時点では、原告側によって複数の日本企業の在韓資産（株式や商標使用権など）が差し押さえられ、裁判所による現金化の手続きが進行中です。

文在寅も、基本的にはこの司法判断を支持しています。すでに述べたとおり、彼の頭のなかでは、一九一九年以降、日本が朝鮮人に行なった行為は、すべて「大韓民国国民に対する不法行為」だからです。

実際、一九年の年頭記者会見で、文在寅はこの問題に関し、「徴用工問題は韓国政府が作り出した問題ではない」、「日本政府がこの問題を政治争点化するのは賢明な態度ではない」、「大法院の判決に韓国政府は関与できない」、「日本は不満があろうと韓国の司法判断を尊重しなければならず、やむを得ないという認識を持たなければならない」と言い放っています。それならば、韓国政府もかつて日本の最高裁が元「徴用工」たちの賠償請求を却下した判決を尊重すべきでしょう。

こうした状況に、韓国の左派は勢いづいているようです。一七年八月、「徴用工像」がソウルのターミナル駅のひとつ龍山《ヨンサン》駅前広場と、仁川市内の公園に設置されました。釜山の日本総領事館前に設置する動きは、左派系団体と警察、市役所との設置と撤去の繰り返しを経て、結局総領事館近くの公園に置かれたままになっています。なお、龍山駅前の像設置は、公有地に無断で行なわれているそうです。慰安婦像ができていった流れと酷似しています。国内の法令も、ウィーン条約も、一五年の日韓合意での約束事も、これまでの歴史的経緯も、すべて無視するかのような勢いです。

　また、二〇一七年には長崎県の旧端島《はしま》炭鉱で作業していた朝鮮人徴用工たちを主人公としたアクション映画『軍艦島』が公開され、国内外で大きな話題を呼びました。ご存じの方も多いと思いますが、長崎県の端島（軍艦島）では、朝鮮人労働者の一二〇人余りが事故等で亡くなっています。それはきっと徴用された朝鮮人が危険な作業を強制させられたからだと考えて、端島を「脱出不可能な地獄島」と設定し、一緒に連れてこられた慰安婦とともに反乱を起こして脱出するという顛末《てんまつ》を描いた、フィクション映画でした。

　軍艦島での採炭が危険な作業だったことは確かなようですが、別に朝鮮人だけを狙い撃ちにして危険な作業をさせたわけではありません。同じ時期、日本人労働者は朝鮮人の一〇倍近い一一六二人が犠牲になっています。被害妄想はみっともないと言いたいです。

　大スターを多数出演させ、日本からの批判をよそに、公開初日には動員の新記録を作り、韓国映画史上最大のヒットは確実と言われていた作品でしたが、結局は、韓国国内からも批判を浴びて、あっという間にブームは終息してしまいました。

　まず、映画会社が記録更新を焦るあまり、「スクリーンを過剰に独占している」という批判が起こりました。そして韓国の左派は、作品中に「よい日本人」が登場することに難癖をつけました。また実際に徴用されていた人々は、慰安婦の存在や脱出劇などの脚色について「いくら映画でも想像を加えすぎだ」と語ったそうです。

この映画の監督は、あくまで映画は事実に触発された創作であり、反日を目的としたものではなく、エンターテインメントであると強調していましたが、逆に言えば、こうした「反日風アクション」に映画として大きな商機があるということ自体、そしてエンターテインメントとさえ言えば、まったくのウソや印象操作も許されるという発想自体が、私にはとても理解できるものではありません。

徴用工の賠償請求先は韓国政府である

徴用工の問題には、私がはっきり結論をつけておきたいと思います。徴用先で起きた出来事について、かつての朝鮮人徴用工とその家族が賠償請求を行なうべき相手は、韓国政府です。

彼らの人生に気の毒な面があったことは否定できませんが、怒りをぶつける先は、日本と国交を回復するかわり、個人が請求すべき分も一括して受け取って、それをちゃんと当事者に配分しなかった大韓民国政府そのものです。

日本が韓国側の要望に応じて「独立祝い金」の名目で提供した合計八億ドルの資金は、

当時の韓国国家予算の二年分だったといいます。その資金で韓国は、ダムや高速道路、地下鉄、製鉄所、各種工場など今日の発展の礎《いしずえ》を築き、日本からは工業化の技術やノウハウも供与されました。

ポジティブに解釈すると、韓国人が日本から受け取るべきお金は、すべて経済の基盤整備のために使われ、韓国社会、韓国人に広く還元されました。ネガティブな想像をすれば、いくらかは権力者や財閥の懐《ふところ》に消えた分もあるのかもしれません。

しかしそれはすべて、韓国側の都合です。韓国政府が自国民に対して、これまで日韓基本条約と請求権協定によって、日韓が何を合意したのかを教えてこなかったからこそ、こうした事態を招いているのです。それにもかかわらず、「個人請求権は消滅していない」などと言い出し、新たな謝罪や損害賠償を国として容認するのは、ひどい責任転嫁です。

それでも、どうしても韓国側が日本企業に支払いを求めるのであれば、セカンドベストの方法を私が提案しましょう。請求権の放棄は、何も韓国側だけがしたのではありません。日本側が韓国国内に残してきた不動産やインフラ資産の請求権も放棄しているのです。韓国側が請求権放棄協定を無視するのなら、理論的には、あおぞら銀行（旧朝鮮銀行の日本残余資産で設立された日本不動産銀行の後身）がソウルにある韓国銀行貨幣金融博物館（旧朝鮮銀行本店）の返還を、三越伊勢丹が新世界百貨店本店本館（旧三越京城支店）の返還を要求することもできるはずです。当時朝鮮半島に土地を持っていた多くの日本人も返還を要求できます。

こうした例はいくらでもあるわけですが、日本は決してそうしてこなかったのです。国交回復当時の日本は、朝鮮戦争後、北朝鮮に後れを取って経済的にも軍事的にも苦しい韓国に対して、かつて苦労をかけたという思いがあったからこそ、多額の援助を行なったわけです。この事実を積極的に国民に知らせなかった歴代韓国政府のおかげで、残念なことにいまも韓国人が知らない歴史になってしまっています。

韓国政府が判決を放置し、請求権協定を骨抜きにするのならば、日本政府も当時不動産などを放棄した民間人、企業を集めて訴訟を起こすなり、あるいは元「徴用工」への賠償と同様時価評価で、あらためてこれら資産の対価を韓国側に要求するか、そのお金を韓国側で元「徴用工」への支払いに充当すればいいでしょう。これならば、現状よりはいくらかフェアです。もっとも、まさかできるとは思いませんが。

私は二〇〇八年、リーマン・ショック後の金融危機において、韓国の企画財務部長官が日本の新聞に対し、「日本は支援を出し惜しみしている」とか、「アジア諸国が日本にふがいなさを感じる」などと述べたのを見て、韓国に対する日本の長年の支援は、ついに政府レベルでも忘れられたと確信しました。

自分たちの政府は、日本からすでに充分すぎるお金を受け取っているのです。恥知らず、恩知らずとは、まさにこのことではないでしょうか。

日本は、徴用工問題に関しては引き続き断固たる態度で臨むべきです。日本企業に実害が出た場合は、敢然と対抗措置を取るべきです。決していままでのような「謝罪病」をぶり返して国益を失ってはいけません。自分が悪くないのにとりあえず謝るというのは、日本人の習慣であり美徳かもしれませんが、日本以外の国では絶対にやってはいけません。

お互いが譲り合って丸く収めようなどという考え方が、韓国では特に通じないという現実をそろそろ理解してください。謝れば謝るほど足元を見られて、補償だけでなく定期的な、それこそ政権が替わるたびに土下座を求めるかのような要求をしかねません。小中華思想をもって優位性を保とうとする考え方が、韓国政府にも国民にも残っている限り、決して安易に謝罪してはいけません。そもそも徴用工問題で日本が妥協すべき点は皆無なのです。

中共のアメとムチに翻弄される韓国

韓国が、北朝鮮の核・ミサイル開発に対抗してTHAADミサイルと付随するXバンドレーダーを配置したことに中共が強く反発し、二〇一六年以降、外交だけでなく経済や文化交流の面でも韓国を冷淡に扱い、一時は不買運動や韓国芸能人の活動制限、そしてSNSなどでのヘイトスピーチさえ行なわれていた一連のいわゆる「限韓令」が、最近では終わる気配を見せています。

特に、当初絶望的なのではないかと見られていた中韓通貨スワップが、内容を変えずに三年間延長されたことを、韓国では冷え切っていた中韓関係打開のきっかけと考えているようです。実際に事実上ストップされていた中国人団体観光客の募集が解禁され、中国系航空会社の韓国路線も再開されるそうです。

ところで、一時は激化した中共の「反韓」運動のニュースは、私には日本に対する反日運動の再現ビデオを見せられているようでした。中共の戦略に基づき、裏で中共が仕込み、プロ市民を動員する。二〇〇五年や一二年に行なわれたものと同じで、大規模になったり、暴力的になったりしても、ある日突然ピタッと止まる、まさに「官製デモ」でした。

中共は今回の「限韓令」をずいぶん長引かせたと思います。その成果なのか、韓国人のなかでも対中感情がずいぶんと悪化し、すでに「嫌いな国」ランキングでは中国が日本を抜いているというニュースも出ています。

しかし文在寅政権は結局、中共のムチに屈する形で、再び「毒入りのアメ」をしゃぶる道を選んでしまったようです。

一七年一〇月、韓国国会で康京和外相は、中国に対し、韓国は「THAADのこれ以上の追加配備を検討しない」、「アメリカのミサイル防衛体制には加わらない」、「日米韓の協力関係は軍事同盟に発展させない」という立場であることを明確にしました。これに対して中共は即座に評価しています。

中共の本当の要求は、最も厳しいレベルではTHAAD配備の全面撤回であり、次のレベルはこれ以上の追加をしないと同時に、既存分については習近平に対して文在寅が「遺憾の意」を示せ、というものだったようです。これほど尊大な要求を韓国が受け入れてしまえば、さすがにトランプ大統領の怒りは爆発したでしょう。それにしても、中共が韓国政府を操るテクニックには感服すべきものがあります。

韓国国内では、中国人旅行客が戻ったことや、中国国内での韓国企業の活動への制限が緩和されたことなどを歓迎していますが、結局最後まで中共にやられっぱなしだったことについての反省はあまり聞こえてきません。それどころか、中韓通貨スワップ協定延長と引き換えに、一連の報復措置をＷＴＯ（世界貿易機関）で提起することを見送ったと報じられています。これで、なぜ韓国国民は怒らないのでしょうか。韓国政府の戦わない態度は卑屈なだけでなく、売国行為そのものだというのに……。韓国の事大主義はいまだに変わっておらず、また中共の韓国に対する扱い方、冷酷さにはいつも驚くばかりです。

北朝鮮にすり寄る文在寅の危険性

それでも、稀代《きたい》の悪者と化した朴槿恵前大統領を「打倒」した文在寅は、最低賃金の無理な引き上げや労働時間短縮などによる経済面での失政や、腹心だった曹国《チョグク》前法務部長官のスキャンダルにもかかわらず、いまだそれなりに高い支持率を得ています。清潔かつ凛《りん》としたイメージが強かった朴槿恵に対するショックが大きかっただけに、前々回の選挙では僅差《きんさ》で敗れた文在寅への期待は大きいのでしょうし、韓国に対するネガティブな印象を抱えてしまった若い層は、「人権弁護士出身の庶民派」である文在寅に、すべてを変えてほしいと託していたといいます。

大統領選挙の直後、文在寅大統領が住んでいたマンションを訪れた。「庶民派」の名にふさわしい質素な佇まいだ。　（小学館 SAPIO 編集部提供）

文在寅も、「青瓦台《せいがだい》には住まない」など宣言し（実際はそうなりませんでしたが）、山に登ったり、気軽に写真撮影に応じたり、映画祭に顔を出したりと、人気取りのパフォーマンスに余念がないようです。

文在寅が就任した当初、私は韓国を訪れ、彼の私邸を見物してきました。私邸と言ってもそれは山の上の古いマンションです。大きな邸宅ではない点も、生活が苦しい韓国人には受けがよいはずです。文在寅が立ち寄った店や、使用している道具、文在寅のイラストが入ったグッズなどが大人気になりました。

私が心配しているのは、笑顔の陰で、

文在寅が相当北朝鮮に接近し、「板門店宣言《パンムンジョム》」や「平壌宣言」での表向きの南北融和ムード、平和と統一といった明るい雰囲気のなかで北朝鮮による分断工作が浸透し、「庶民派大統領」の「正しい政治」に酔いしれている人たちが、あっさり騙されてしまうのではないかということです。もっとも、最近の北朝鮮による文在寅「無視」を見れば過度な心配は不要かもしれませんが、それでも韓国の左派は夢を捨てきれません。

そもそも、朝鮮半島の統一はあまりにもコストが大きすぎます。いつか達成できれば素晴らしいことですが、東西ドイツの統一当時の格差が一対三程度だったのに対して、北朝鮮と韓国の国力差はすでに三〇倍ほどにもなります。常識的に、いくら統一をしたくても、現在の韓国にそのコストを負担できるだけの国力はありませんし、常識的な韓国国民が自分の財布から北朝鮮人民の経済格差を是正するために進んで増税に応じるとも思えません。

しかし、THAADミサイルの追加配備を、「法令に則って環境への影響を評価するため」に延期しようとしてアメリカに怒られたことや、核とミサイル開発をやめない北朝鮮に対して、常に対話を呼びかけ、平昌オリンピックや離散家族再会、人道援助、金剛山《クムガンサン》観光などについて、手を替え品を替えアプローチを行ない、日米の不興を買っていることなど、文在寅は気にしていないようです。

それどころか、文在寅政権はアメリカと相談もせずに、北緯三十八度線の非武装地帯にある監視所（ＧＰ）を撤収したり、アメリカ軍との合同軍事演習をまるで北朝鮮のためとでも言わんばかりに中止、縮小したりしています。そして、後述する日韓ＧＳＯＭＩＡ延長拒否で、アメリカは完全に怒ってしまいました。韓国を守るためにアメリカは力を尽くしているのですから、トランプ大統領ではなくても「韓国はありがたいと思わないのか」と頭にきます。

そして中共の視点で見れば、韓国を日米から引き離す作戦は効果を上げているということになります。日本の統治下、そして南北分断で西側の一員になってしまった韓国を中共側に引き戻すことこそ、中共の長期戦略のひとつです。

こうしたなかで、韓国のしていることは、米中間を行ったり来たりする「コウモリ」のようです。中共の恐ろしいアメとムチに屈してしまう韓国に、果たして同じ価値観を共有する本当の友邦は存在しているのでしょうか。

トランプと安倍の関係が気になってしかたない韓国

まず、ごく一般的なアメリカ人の韓国観について考えてみたいのですが、大まかに言って特に興味や関心はありません。

「コリア」と聞いて思い出すのは北朝鮮のことですし、「コリアン」と聞けば、私たちの世代であれば「養子縁組に赤ちゃんを出す国」というイメージがいまだに強く残っています。米韓同盟を「血の同盟」と呼んで特別視している韓国とは、ずいぶん温度差があるのです。

トランプ政権による文在寅の扱いは、電話会談をたびたび重ね、ゴルフを通じて親交を深めている安倍首相とは対照的です。韓国マスコミの一部は、電話会談の回数や時間を比較し、ホワイトハウスや議会周辺、日米のマスコミなどから流れてくる懸念や怨嗟《えんさ》の声にも敏感です。特に日本のマスコミが消息筋の情報として文在寅に対するネガティブな情報を流すと、韓国政府は必死になって否定します。

二〇一七年九月、日米電話会談でトランプ大統領が、北との対話にこだわっている韓国は「まるで物乞いのようだ」と発言したとフジテレビが伝え、韓国政府は強い遺憾の意を表明しましたが、いまとなってはトランプ大統領がそのような発言をすることは充分ありえると誰もが考えるでしょう。実際、現在のトランプ大統領は韓国に対しても、米韓同盟に対しても対中政策上、あるいは米朝交渉上の都合以上に大きな関心は持っておらず、むしろ防衛費分担金の引き上げ（約五〇億ドル）に熱心です。

しかし、文在寅はこうしたネガティブ情報に左右されないだけの支持率をまだ保っているだけに、今後暴走してしまわないかが心配です。

朴槿恵前大統領が一五年に北京の天安門広場で「抗日戦勝利七〇周年記念」の大規模な閲兵式に参加した時点で、アメリカ政府のなかで米韓関係の意味は、ひとつの線を越えてしまったと私は見ています。アメリカなしでは国の安全保障ができないのに、堂々と米中を天秤にかけるやり方は、アメリカを侮辱しているに等しいと思います。思い返せば狂牛病が発生したとき、なぜかそれが反米デモに結びついた国なのです。

今後の米韓関係がどうなるかを少し考えてみましょう。韓国は「二年近くの間の損失を回復するため」という名目で、中共に再び接近しながらも、安全保障のことを考えてアメリカにも配慮し、中共とは一定の距離を保つはずです。もっとも、米中のコントロールが効かなくなった北朝鮮が何かを始めれば、再びアメリカ寄りになる可能性はあります。

願わくは、文在寅が国際社会の現実と、韓国を取り巻く問題の真の姿を学び、本当に正しい選択を重ねてほしいものです。しかし、今後文在寅の支持率がさらに低下してきた場合、より左翼的で、より親中的、そして一段と反米反日的なスタンスに転換してくるリスクがあります。冷静に見れば、決定的な反米、そして反日のカードは、まだそのときのために取ってあるのだという解釈もできるわけです。

「積弊清算」という名の仕返しの連鎖

文在寅は、大統領選挙中から「積弊《せきへい》を清算する」と述べてきました。

積弊とは、日本語の辞書によれば「長い間積み重なった害悪」のことだそうですが、文在寅はこれを、過去に韓国社会で悪いことをしてきた保守派や軍、財閥などの歴史を明るみに出し、悪い人間を引っ張り出して法的に処分していくことの意味で使っているようです。

韓国の国内は、かつての軍事政権の流れをくむ保守派と、それに対抗して民主化を勝ち取ったと自認している左派（進歩派）の対立が長年続いています。金大中《キムデジュン》が初の左派の大統領であり、続く盧武鉉までは左派政権が続きましたが、その後の李明博、そして朴槿恵と保守派の時代が続き、そして現在は、かつてないほどの高い支持率で、左派の文在寅が圧倒的に支持されている状況です。

よく韓国は、「大統領を辞めたとたんに逮捕されてしまう国だ」と言われますが、その主な理由は、現職大統領の権限が強いため、汚職などの腐敗を招きやすいこと、そして現政権が前政権を公権力やマスコミを使って攻撃すると、感情的な国民の支持率が上がるからです。そして、文在寅が主張している「積弊清算」も、その流れの一環にあります。

しかし、文在寅政権の場合は、すでに朴槿恵が罷免され、逮捕・起訴されたところから始まっているため、前政権を貶める必要がありません。そこで、もうひとつ前の李明博元大統領に狙いを定めました。

文在寅には、そうするだけの理由があるようです。彼は盧武鉉元大統領と人権弁護士としての盟友であり、盧政権時は最側近でした。そして盧武鉉は退任後に李明博政権のもとで不正資金の疑惑をかけられ、検察の聴取を受けたあと、投身自殺してしまいます。左派の多くは、この出来事をもって、愛すべき盧武鉉が李明博政権に「殺された」と見ています。したがって文在寅にとって最も清算すべき「積弊」が李明博だったのです。

文在寅政権誕生以降、国家機関や軍機関を使った世論操作疑惑が連日のように韓国マスコミを賑わせ、選挙への介入、偽情報の流通、反政権的な芸能人や放送人の締め出し、そして金大中元大統領のノーベル平和賞受賞取り消し工作などといったニュースが、小出しに流されました。そしてついに、李明博は在任中の収賄の疑いで、一八年三月に逮捕に成功、一審で懲役一五年の実刑（ただし控訴後に保釈）が宣告されました。

また、全斗煥《チョンドゥファン》将軍（のちに大統領）の軍事クーデターに反発する勢力が、南部の光州《クアンジュ》市で起こした「光州事件」（一九八〇年）についても、何度目かの再検証が行なわれています。かつて左派が徹底的に弾圧された時代の屈辱を、いまから取り返そうとしているかのようです。

また、財閥や公共機関、公共放送などに対してもプレッシャーをかけています。こうした動きが世の中をよくするためのものなのか、単なる政治的な報復劇なのかは、私たちにはなかなか判断がつきません。しかし、普通の国であれば、過去にどのような恩讐があろうと、時間をかけてでも、公平に整理しようとします。そのほうが、長い目で見れば国民すべての力を引き出し、国の発展に役立つからです。

私には、文在寅政権が自分の支持率を保つために、政治的報復劇をショーアップして韓国の国民に提供していることが、韓国の発展に役立つとは思えないのです。どれほどひいき目に見たとしても、韓国の民主主義は未成熟という結論に至らざるをえません。

不買運動、GSOMIA延長問題……暴発する「反日」

韓国の国内問題に日本人やアメリカ人が一喜一憂する必要はないのですが、残念ながら日本は思わぬとばっちりを食らう可能性が常にあるため、注意をしておく必要があります。

というのも、韓国において「反日」は、広く誰もが受け入れやすい絶対的な「正義」、「正論」であり、ピンチの際に切るカードとしては極めてオールマイティーだからです。多くの日本人は、二〇一九年にこれを実感したはずです。

政権就任後は「ツートラック外交」を前に押し出し、一見影を潜めていた文在寅の反日モードは、政策面ではこれといって見るべきものがなく、「正規雇用を増やす」「最低賃金を上げる」などといった左翼政権に典型的な分配重視、成長軽視の、響《ひび》きのよい話ばかりして景気を悪くしてしまったことや、南北関係改善の行き詰まり、そして「積弊清算」によって、国を大きく分裂させてしまった失点を取り返すかのように復活し始めました。

元「徴用工」判決の確定、慰安婦合意による「和解・癒やし財団」の解散に続いて、日本海では韓国海軍艦艇によるいわゆる「レーダー照射事件」が起こります。この問題は、さんざん韓国側が怒り狂ったにもかかわらず、日本側のデータと事実に基づいた反論に、結局うやむやになったままです。実にひどい話です。

日本政府は、一九年六月に大阪で行なわれたG20サミット（先進二〇カ国・地域首脳会合）まで、韓国政府による元「徴用工」問題国際法違反状態への対処を粘《ねば》り強く待っていましたが、実際は日本側がまったく飲めない荒削りの基金案（日本企業が出資するため請求権協定と矛盾する）しか出てきませんでした。

翌七月、日本政府は、戦略物資の管理において韓国側の輸出管理に疑わしい事案が続いたため、として「安全保障上の運用見直し」を行なうと発表、「高純度フッ化水素」、感光剤「レジスト」、「フッ化ポリイミド」の三品目について韓国への輸出を厳格化し、これまでの包括輸出許可制度の対象（ホワイト国）から除外し、個別の契約ごとに輸出許可の申請を必要とすることにしました。

これは、韓国側がしっかり輸出管理を行なえばいいだけの話であり、そうではなかったとしても、一つ一つ輸出申請を行なえばいいだけの話なのですが、文在寅政権やそれを支持する団体は「もっと品目が広がる」とか「日本による攻撃だ」などとして一気に反日ムードを盛り上げ、日本製品の不買運動、日本観光旅行の取りやめへとつながっていきました。

私は、実質的な「報復措置」として行なわれたこの行動を大いに評価します。日本からさんざん恩恵を受けておきながら、堂々と国際法を破り、なお「日本は謙虚になれ」などと開き直る国を、なぜ優遇し続ける必要があるのでしょうか。

韓国側は、日本が輸出規制強化をやめる気がないことへの「対抗措置」として、日韓GSOMIA（軍事情報包括保護協定）を停止すると発表しましたが、結局アメリカ側の説得により「条件付き延期」が決まりました。

これは理解ができません。GSOMIAは一方的に韓国に有利です。なぜなら彼らは軍事衛星を持っていないからです。その上、まったく関係のない輸出規制（そもそもこれはあくまで日本の国内法令の運用にすぎません）に対して、アメリカも巻き込むGSOMIAの破棄を対抗手段であるかのように考えているのは、勘違いというか、稚拙《ちせつ》なやり方としか言いようがありません。文在寅政権の内部は、相当に特異な考え方をしている人たちで占められているのでしょう。

一方で、このように燃え上がった「反日」が、文在寅政権の支持につながったかというとやや疑問です。不買運動が続けば続くほど、日本の技術力に頼り切り、簡単には代替品を見つけられない韓国経済の姿が浮き彫りになるのです。最近では、韓国のパスポートに使われている技術が日本製であることが知られ、ニュースになっていました。日本に行かずにベトナムに行こうとしても、そのとき使っているパスポートの一部は日本製なのです。

結局、韓国における「反日」ムードは、いまも続いているものの、その後、文在寅の腹心で、左派のアイドル的存在だった曹国氏のスキャンダルで消し飛んでしまった格好です。彼らは、かつて学生運動で戦った闘士であろうと、いまでは権力を手に入れ、薄汚い金儲けや入学不正に手を染めている左派リーダーの姿を世間にさらしました。ちなみに、曹国氏が法務部長官就任前の記者会見で使っていたボールペンが三菱鉛筆製だったこと、そして逮捕された大学教授の妻に面会にやってきた曹国氏の息子が着ていたジャケットがユニクロ製だったことは、さすがに韓国の左派からも失笑が漏れていたそうです。

韓国は、ただでさえあれこれ分裂している国です。保守派と左派の対立の裏側には、地域対立や世代間対立が隠れていて、さらに庶民は、富裕層や財閥に対して、羨望と怨嗟の混じった感情を抱いています。サムスンやLG、現代自動車などの一部のグローバル企業だけが景気がよく、内需はなかなかよくなりません。

国論が割れたとき、そして文在寅の人気が落ちてきたとき、満を持して繰り出されるのが「反日」のカードです。慰安婦問題も、徴用工問題も、現在の消極的な装いから態度が一変するかもしれません。なぜなら、反日はどんな層にとっても受け入れやすい話で、人気を回復したり、分裂した国論から目をそらせたりするのにちょうどいいからです。そのくせ、日本以前に朝鮮半島を支配していた中国への悪感情を対日本ほど表に出さないのは、小中華思想と儒教が韓国人全体に深く浸透している証拠です。

私は、韓国人のいわゆる「恨《ハン》」の感情が理解できません。もっとも私だけでなく、世界中の多くの方が同じだと思います。感情は感情として持っていてもいいのですが、なぜ並行して、国としての発展、韓国人すべてが信頼し忠誠心を発揮できる愛国心の構築に向かわないのでしょうか。せっかくここまできたのに惜しいと思います。

反日というコンプレックスを「正しいプライド」に変えられるか

これからの韓国がどうなるかは、もちろん韓国次第です。そのポイントは、すっかりねじれてしまっている国民感情のコンプレックスを、正しいプライド、健全な愛国心へと変えられるかどうかです。

私が初めて韓国を訪れたのは、八〇年代の初め頃でした。当時はまだ軍事政権の時代で、突然サイレンが鳴って避難訓練が始まったことに驚きました。

当時韓国に在住していた友人のアメリカ人弁護士は、私にこう言いました。

「ここでは政府に対して強い批判はできないんだ。どこにスパイがいるかわからない。この国は民主主義ではないよ」

ソウルの街並みは、表面的にはすでに近代的な姿になっていましたから、私はその言葉がにわかには信じられませんでした。

ソウルオリンピックの一年前にも韓国に行きました。あちこちで工事が行なわれていて、街全体がほこりっぽかったのですが、活気はありました。

実は二〇一七年、文在寅大統領誕生直後に韓国を訪れたのは、それ以来三〇年ぶりでした。街はすっかり変わってしまい、軍事政権の名残は感じられなくなり、巨大なビルやマンション、そしてあちこちに副都心ができていて、まさに浦島太郎のような感覚になりました。この間の経済成長を体感することができました。

そして私は、この国がどうしていまさら、しつこく中毒のように反日にこだわる必要があるのか、理解ができませんでした。

試しに反日教育をやめて、正しい歴史を教え、自分たちの先祖のよかったところ、ダメだったところ、汲《く》み取るべき教訓をファクトに基づいて教えたところで、いまさらどれだけの韓国人のプライドが傷つくのでしょうか。バカバカしい国内の争いから抜け出すことを考えるほうが、危機的な事態を誤魔化すために反日に走るよりも、どれだけ将来の韓国のために役立つでしょうか。

反日は、私に言わせればコンプレックスです。野蛮なはずの日本に近代化で追い越され、その後は支配され、戦後も必死で追いかけたのにまったく追いつけない。成長したはずの産業は、実はほとんど日本の技術で支えられていたのです。これからもおそらくそうでしょう。

しかし、人口や国土の違い、歴史の違い、国民性の違いがあるのですから、そこにネガティブな思いをいくら抱いても、自分たちのプラスにはなりませんし、周囲にも迷惑です。いい加減、日本の足を引っ張って自国の相対的な価値を高めようとする幼稚な考え方から脱するときです。人の不幸の上に成り立っているプライドは、ろくなものではありませんし、健全な愛国心にもつながりません。そして、まったくバカバカしい不買運動は、日本にとってかすり傷にもならない影響力しかない代わり、結局彼ら自身の経済に悪影響を与えるだけです。

日本は、そんな韓国を正面から相手にする必要はありません。要所だけしっかり押さえておけばよいのです、その代わり、韓国人の心の隙間を狙って利用する中共には、充分警戒することが大切です。

第五章

いまこそ日本は覚悟を決めるとき

中共に平和主義を訴えても無駄である

日本はこれから、反日を振り回す中共や韓国、北朝鮮と、どのように向き合っていくべきなのでしょうか。

私が初めに強調しておきたいのは、対中共、対韓国、対北朝鮮という個別の問題ではなく、もっと大きな、今後あるべき東アジアの外交安全保障戦略のなかで、日本が果たすべき役割を考えたうえで、個別に対処する戦術に落とし込むことが重要だということです。

中共は依然として難敵です。民主主義ではないことがかえって「強み」となり、皮肉なことに政権の安定性に貢献しています。そして、共産主義の強みと資本主義の旨味《うまみ》をいいとこ取りした、「中華風エセ共産主義」とでも呼ぶべき独特の体制を作り上げています。世界最大の人口と経済力を背景に軍事力を増強し、影響力の向上を図っています。残念な話ではありますが、彼らにいくら平和主義を訴えても、すでに見てきたとおり、中共には国外どころか国内にさえ、いや党内にさえ平和主義のかけらもないため、意味をなしません。

したがって、当初はアメリカの平和のために書かれた日本国憲法の平和主義は、現在では中共の平和に貢献しています。裏を返せば、中共は日本人を護憲に導くことが、自分たちにとって大きなメリットとなるのです。わかっているとは思いますが、中共にODAなどいくら援助しても無意味です。もらえるものはもらい、何も見返りはありません。彼らは感謝の気持ちを抱きません。せいぜい冊封体制の名残として受け止められるだけです。

私は共産主義に心の底から嫌悪感を抱きます。冷戦の時代を知るアメリカ人だからというだけではありません。共産主義は、個性の存在を前提とした健全な競争を認めないからです。結果、適性のない仕事を渋々《しぶしぶ》する人、持てる能力を充分に活かせない人、無能な人が要職につくなどの社会的不効率が生じ、日々の競争を通じて磨かれる資本主義国と比べれば、当然の結果として劣っていきます。

競争は必ずしもいいことばかりではありません。競争自体が辛《つら》い人もいますし、頑張ったのに負けたら誰でもショックです。それでも総合的に見れば生産効率はよくなり、新しくて便利なアイデアが社会にあふれます。私たちの生活がよくなるのは、自分が競争していることと同時に、どこかで誰かが競争していることの結果です。そのおかげで、より性能やデザインが向上したクルマに乗れたり、PCやスマホが便利になったり、旅先のおもてなしが向上したり、リーズナブルな価格で美味しいものが食べられたりするわけです。

中共も途中までは計画経済で進んできましたが、天才的な鄧小平らは、いち早くその弱点に気づきました。それでも中国が小さな国であれば、たとえばソ連の援助を受けたモンゴルや東欧の小国のように「素晴らしい、成功している共産主義」を演出することができたでしょう。しかし、中国はあまりに大きすぎて、そのうえソ連との関係も悪化しました。

こうした弱点を知っているからこそ、中共は計画経済を事実上放棄し、権力構造、支配機構としての中共を残して、あとは資本主義化し、「社会主義市場経済」などというもっともらしい看板を掲げて、世界の資本主義国の技術とノウハウを使用して、膨大な数の中国人民が生み出す巨大な価値を吸い上げ、これに寄生する仕組みを作りました。

こうすれば、中国の人口の多さ、国土の広さは一転して最大の武器となります。市場としてのスケールメリットになるからです。まずはあたかも経済を民主化したように装って、外国からの進出を歓迎しました。六四天安門事件のような「跳ね返り」はうまく調整しつつ、様子を見ながら技術とノウハウを吸収します。国産化が可能になるとルールを変更して、逆に外国企業を追い出しにかかります。すでに吸収できるものがなくなったのに、いつまでも巨大な内需を外国企業に独占されては困るからです。

このように、非常に計算高い現実主義の巨大集団が、「偉大なる中華民族の復興」を目指し、経済力をベースに外交、安全保障面にまで存在感を広げています。そのうえ、たとえその意図が不誠実であろうとも、中共は非常に積極的です。それに引きかえ、日本の平和主義は極めて受動的と言わざるをえません。憲法の前文にもあるように、「平和を愛する諸国民の公正と信義に信頼して」「安全と生存を保持しようと決意」しているのですから……。本気で東アジアに平和を築きあげる気が日本にあるなら、もっとプロアクティブ（積極的）になるべきです。

「皇帝」化した習近平に迫る危機

習近平はいよいよ、中共の歴史上にその名を大きく刻《きざ》もうとしています。しかも、周囲がそう判断しているというより、自らの意図を強く感じます。それが「偉大な」名前として語り継がれるか、「悪の皇帝」として語り継がれるかはまだわかりません。

振り返ってみれば、共産主義国家というものは、だいたいにおいて個人崇拝に陥り、その結果人民に「復讐」されて破綻しました。東欧諸国もソ連もそうでした。

これらと中共が決定的に違うのは、その経済的存在感です。東西冷戦時代、東西間に交易はほとんどなく、別々の経済圏を運用して圧倒的な差がついてしまったわけですが、中共はグローバル経済のなかにあって、その仕組みを利用し、またうまく利用させてもいます。

ＷＴＯにも加盟し、経済協定なども締結しました。しかし、それが西欧の価値観と主導による世界戦略だと決めつけ、今度はより積極的に、ＡＩＩＢや「一帯一路」などの枠組みを打ち出しました。自国の経済力を使いながら、他の資本主義国をコントロールし、取り込もうとさえしています。

もちろん、国として、経済圏として、大きい国の存在が重要視されるのは自然な流れです。ただし問題なのは、この大国ではおよそ民主主義の仕組みが機能しておらず、おぞましい戦争犯罪を隠したまま、特定の人物が自らを皇帝化しようとしている危険性です。

二〇一七年の中国共産党大会は、その恐怖がいよいよ現実となることを実感せずにはいられない「記念すべき」イベントでした。

習近平は、中共のトップ七人である政治局常務委員、通称「チャイナセブン」を、自分と李克強《りこくきょう》首相を除いて、ほとんど自らの側近で固めました。そして、事実上の中共の憲法と考えるべき党規約の行動指針に、「習近平の新時代の中国の特色ある社会主義思想」という表現を入れる修正案を承認させました。

報道によれば、江沢民《こうたくみん》の業績（「三つの代表」）も、胡錦濤《こきんとう》の業績（「科学的発展観」）も、彼らが引退する党大会で初めて行動指針として規約に盛り込まれ、しかも個人名はついていなかったというのです。しかし、習近平は、今後少なくとも三年間は自ら党を率いる立場であるにもかかわらず、自らの名前をつけた思想を崇拝せよと求めたのです。これはまさに、絶対王政の支配者のごとき振る舞いです。

さらに、すでに述べたとおり、個人名のついた政治理念は、過去の中共の歴史のなかでも、毛沢東と鄧小平の二人だけしかいません。二人の場合も、引退の花道を飾るセレモニーとして個人名をつけたのですが、習近平の意図はそれをはるかに上回ります。個人名を規約のなかに残せなかった存命中の江沢民や胡錦濤よりも自分は上位であるとアピールし、しかも、自分は今後少なくとも三年間は最高指導者であり続けるだけでなく、指導部を側近で固めているわけです。

そして、満を持して、一八年には自らの手で憲法を改正し、主席の任期制限を事実上撤廃しました。これは、要するに習近平とその一派が、中共を乗っ取ったことと変わりません。

皆さんは、「そんな国の人民ではなくて幸いだ」とお考えでしょうか。習近平帝国と化しつつある中共は、習近平自ら「中華民族の偉大な復興という中国の夢の実現に向け弛《たゆ》まず奮闘する」と高らかに宣言し、軍備を強化し、情報戦や歴史戦を繰り出しています。そんな厄介な国と、最も間近で向き合わなければいけないのが、日本であり日本人なのです。これは、率直に言って不幸なことです。

私は、日中戦争はすでに始まっているという認識でいます。「ケントは日中対立を煽《あお》っている！」と批判する方もなかにはいるでしょうが、私には、香港の状況を見てもまだこの認識を積極的に否定する人は、よほど楽観的でボケているか、中共のプロパガンダに侵《おか》されているか、中共の息がかかっているスパイのいずれかだと考えています。三番目の人たちに私ができることはありませんが、その他の人たちには、とにかく警戒するよう呼びかけたいのです。

ただし、中共も日本も大国であって、簡単に戦争をするわけにはいきません。そして中共は、できれば戦争をせずに尖閣諸島を掠《かす》め取り、沖縄を奪い、日本全土を徐々に侵食できればいいわけです。そのために情報戦や歴史戦を先行して仕掛けているのです。

戦略性に富む中共にあって、習近平は自らに権力を集中させ、長期政権を確立しつつあります。日本がグズグズしていれば、あっという間に押し切られます。「アメリカがいるうちは安泰だ」と考えている人も多いと思いますが、本当にアメリカはいつまでも日本の味方でいてくれるでしょうか。中共は自分たちの息のかかった政治家を、次期アメリカ大統領に当選させるべく、いまこの瞬間も工作活動の真っ最中かもしれませんよ。

そんな最悪の事態が実現したとき、中共のひどい人権蹂躪のもとで苦しんでいる人々、香港や台湾、少数民族の人たちに心から同情し、周辺国の不安を汲み取れる能力のある、自由と民主主義の価値を理解したアジアの大国が、日本以外にあるでしょうか。中共のほうがよくわかっています。そんな国は日本しかないからこそ、日本の弱体化を狙うのです。

反日歴史戦は戦略の一環だ

こうした認識に基づいて中共の歴史戦を見れば、おおよそのカラクリがわかるというものです。

彼らは「南京事件」や「七三一部隊」などに対して、ありもしない、あるいは誇張された事実を吹聴するだけでなく、自らはその何倍、何十倍もおぞましい殺戮と人権蹂躪を繰り返してきました。そして、それを覆い隠そうと、日本を槍玉にあげています。

つまり、中共の目的は、歴史上の日本の「悪行」を批判することではありません。しつこい「反日」活動は、優等生的な日本の国際的イメージを落とし、日本国内を攪乱《かくらん》し、中国人民に反日意識を植えつけて、中共に対する不満や反発をガス抜きさせるための便利な道具なのです。

南京事件をアメリカや国連で宣伝するのも、安重根や大韓民国臨時政府の旧跡を保存して韓国の機嫌を取るのも、すべては日本を貶めるイメージ戦略のための手段です。心の底から日本を批判しているのではありません。ただ単に、現在と将来における日本の国際的影響力を弱めることで、自らの覇権を有利に拡大させるためのプロパガンダなのです。

したがって、歴史戦の内容が、歴史学的に正しいかそうではないか、根拠があるかないか、データに裏打ちされているかどうかなど、中共にとっては最初からどうでもいいことなのです。よりインパクトがあり、より日本が悪者に見えて、アジアの歴史などほとんど知らない欧米など他国の一般市民に「日本は恐ろしい国だ」「日本人は悪い奴らだ」というネガティブなイメージを先回りして刷り込むことができればいいのです。これが、彼らの歴史戦のやり方なのです。

その成果として中共が狙っているのが、日米同盟の分断です。日米の共同歩調を崩し、アメリカの東アジア、東南アジアへの関与を抑えることに成功すれば、南シナ海への海洋進出、さらに彼らの言う第一列島線の外側へと展開しやすくなります。

もうひとつ指摘しておきましょう。実際の戦争の前に歴史戦を含めた情報戦を先行させるのは、中国に古代から伝わる孫子《そんし》の兵法の教えでもあります。敵の勢力をまずは分断し、敵同士、あるいは敵の内部で権力闘争や内紛を引き起こします。その結果、分裂した一方を取り込んでもいいし、全体として力が弱まるのを待ってもいいのです。

したがって日本はまず、中共の仕掛けている情報戦に向き合わなければなりません。中共が、あるいは中共に焚きつけられたり、中共の顔色を窺ったりしている韓国が、国際社会や国連の場で繰り広げている宣伝に対して、しっかりと主張をし返さなければならないのです。

もう一度強調しておきます。彼らの主張は正しいかどうかに主眼があるのではありません、日本を貶め、孤立させ、アメリカや東南アジアをはじめ、他の国から引き離すためにやっていることなのです。ですから学術的研究など無視して、何十回も蒸し返してくるはずです。

そして、日本が過去中国大陸に進出し、支那事変を戦ったことをことさら引け目に感じる必要もありません。その当時の常識に照らして、日本の行ないがことのほか非道だったわけではありませんし、また謝罪すべきことは謝罪し、その時点で相手国も納得しているのです。変な遠慮はもう必要ありません。「はいはい、わかりました。また同じことをおっしゃっていますね。ところで、あなたの主張の根拠や証拠は見つかりましたか？」と言いながら、無視していけばいいのです。

加えて、情報戦を戦ううえで避けて通れないのは、スパイの存在です。スパイは当然のように存在し、すでに相当数が日本国内で活動していると考えなければなりませんが、現在の日本は彼らにとって天国のようなところです。日本にはまともな諜報機関すらなく、またスパイ防止法もありません。情報戦においては常に中国に後れを取っているのです。この点、中共は何枚も上手《うわて》であることを深く認識し、恐れるべきです。

政府レベルだけでなく、国民もまた同じです。日本では民間防衛のことを「国民保護」と呼び、二〇一七年の北朝鮮の弾道ミサイル発射ではシステムが稼働しましたが、世界には、スイスのように民間における防諜（スパイ防止）教育を、民間防衛のなかに自然に組み込んでいる国もあります。これまでのようにすべてを性善説で考えていれば、中共や北朝鮮につけ込まれるばかりです。

トランプ政権で日米同盟と防衛力は強化される

国外だけでなく米国内にも敵の多いトランプ政権は、一九年一〇月には大統領選挙を前に議会下院で弾劾調査の決議案が可決されるなどなかなかゴタゴタが収まりませんが、中共が存在感を高めてくる現状において、少なくとも日米同盟にとっては有利に働きつつあると思います。これは、表面上の現象だけを言っているのではありません。

当初、トランプ大統領は日米同盟だけでなく、外国における米軍の積極関与に否定的でした。しかし、少なくともいまは、当時と比べて同盟国の重要性が理解できたようです。特に東アジアにおいてはアメリカ単独では充分な行動ができないということを悟り、アメリカの軍事力を東アジアに集めるだけではなく、同盟国である日本に、主権国家として軍事作戦にもっと力を発揮するよう求めています。

これは内政干渉に当たる可能性がありますから表面には出てきませんが、現在の安倍首相とトランプ大統領の間柄からして、率直に話し合われているものと思われます。トランプ大統領を評価するとき、戦後のアメリカを中心とした秩序の維持に興味はなく、「世界の警察」をやめ、米軍を段階的に国内に戻すという見方はあまりにも単純すぎます。トランプ大統領の主張は「秩序が重要だと思うなら、同盟各国がお互いに正当なコストを払うべきだ、アメリカばかりに頼るな」というものです。だからこそ、中共はいっそう日本への批判を強め、韓国を押したり引いたりして離間させようと必死なのです。もしトランプ大統領が本当に「世界の警察」をやめるつもりなら、中共は大賛成して、自らその代わりのポジションを狙ってくるはずでしょう。

トランプ政権の誕生前、一五年に平和安全法制の審議をしていた当時の騒ぎを思い出して欲しいのです。反対していた左翼勢力は、口々に「アメリカの戦争に巻き込まれる」と言っていましたが、アメリカ人の私に言わせれば、「だったら日本と中共の戦争になぜアメリカを巻き込むのだ」と言い返したくなります。日本に住んでいるアメリカ人である私自身は、アメリカが日本の国防に関与してくれなければ恐ろしくて日本には住んでいられませんが、もし今後、政権や世論の変化でアメリカがわざわざ東アジアの安全保障に関わることの意味を見失ったとき、日本は裸になってしまうおそれがあることを、左翼を支持するすべての人たちは認識すべきです。

平和安全法制と集団的自衛権の行使は、何よりもアメリカの軍事力を利用し、そして絶対に手放さないために日本が取るべき戦略です。日本はその生存のため、平和のために、アメリカの手を極東から引っ張り続け、同盟国である価値を示し続けなければならないのです。

それと同時に、私は北朝鮮という得体の知れない国が安全保障に対する日本人一般の目を覚まし、トランプ政権と安全保障に関してスムーズに話ができる現在の状況が、中共の本格的な進出の前に間に合ってよかったとも感じています。ようやく、なぜ日本が集団安全保障体制を作らなければならないのか、どの国と、何をベースに、どんな形で仲間になればいいのかが理解され始めたと思うのです。

ヨーロッパやオセアニアからも、北朝鮮の瀬取りを監視するために部隊がわざわざ日本海までやってきてくれているのです。また、南シナ海への中共の海洋進出に対抗する「航行の自由」作戦には、より多くの国が参加しています。振り返ってみれば、日本がかつてアメリカとの戦争に敗れたのは、仲間がいなかったからです。逆に、日本の考えを尊重し、協力してくれる仲間が多ければ多いほど、中共に対するプレッシャーになるわけです。

いっぽうで、悲観的なシナリオも考えておかなければなりません。将来、米中間で何らかの「手打ち」があり、日本を無視してどこかで互いの戦略における線引きがなされた場合、いよいよ自主防衛しか道はなくなります。あるいはアメリカが尖閣諸島を見捨てるケースもありえるかもしれません。いまは日米安保条約の適用範囲と明言していますが、今後何かもっと大きな取り引きのなかで状況が変化するかもしれません。

率直に言って、日本は大国であるにもかかわらず、あまりにも防衛費をかけていません。発表されている統計ベースでもGDP比で中国の半分以下です。その中国も、他の先進国と比べて突出して比率が高いわけではありませんが、隠された部分が多くアテにはなりません。つまりこのままでは近い将来、決定的な差をつけられてしまうおそれがあるわけです。

軍備の本質は、互いに戦争をしたくなくなるだけのバランスを保つことにあります。中共側が軍備を増やすのなら、日本も増やす以外に選択肢はありません。これを怠《おこた》れば、いずれ戦争を仕掛けられるか、戦争を恐れて奴隷同然の外交的決着を呑《の》むかしかないのです。

できるか？　インド洋・太平洋版NATO

私は以前からアジア太平洋版の集団的な安全保障のための軍事同盟、いわば「アジア版NATO（北大西洋条約機構）」のようなものができればいいと願ってきました。それが

2017年9月、米ニューヨークでティラーソン米国務長官、インドのスワラジ外相と会談した河野太郎外相。北朝鮮への圧力強化に向け連携を確認した。
（共同通信社提供）

『ＰＡＴＯ（パシフィック・アジア条約機構）』なのか、インドも含めて『ＡＩＴＯ（アジア・インド条約機構）』になるのかはわかりませんが、とにかく国際安全保障において国連安保理がほとんど有効な手立てを打てない現状では、今後ますます力を強めてくる中共の脅威に対して、立ち向かう枠組みがありません。

こうしたなか、ここ数年でいわゆる「インド太平洋戦略」が、中共と向かい合う各国の間で共有されていることは非常に心強いものがあります。日本だけでなく、アメリカもオーストラリアも同様です。そして、アメリカがこの考えに基づいて台湾との関係を強めていることは大変好ましいと思います。

特に、すでに述べたとおり、中共の脅威に対して日本の反対側で向き合っているインドがこの枠組みに入っていることは素晴らしく、安倍首相にとっても我が意を得たりという思いではないかと思います。あるいは、あらかじめ安倍首相の意向が反映されていたのだとすれば、ますます関係を深める日印に大きくプラスになるよいニュースです。

その背景を改めて確認しておく必要があります。日本は戦後長い間、安全保障をアメリカによってまかなってきたわけですが、今後どうなるかはわかりません。中共の軍事力強化を、日米だけで受け止めきれるのか、さらにはアメリカがいつまで東アジアにいままでどおり関与できるかは未知数で、より多国間での安全保障体制を組む必要がありました。

そのつながりは、中共とは正反対の価値、つまり民主主義を尊び、人権と法の支配を尊重し、力による現状変更を許さないという考え方で結びついた国同士である必要があります。旧ソ連や東側と対峙してきたNATOと同じです。

アジアやオセアニアで、中国と経済的に交流のない国は存在しません。そして、どの国にとっても中国は、絶対に無視できない重要な「お客さん」です。資源国であるオーストラリアは、輸出、輸入とも貿易相手の一位が中国です。

だからこそ、こうした枠組みにオーストラリアやインドが加わった意味は大きいのです。大国、先進国がしっかりと形を作り、東南アジア諸国を巻き込んで、絶対に中共のわがままを許さないというスクラムを、充分な軍事力を伴って作る必要があります。いっぽうで、長い間アメリカとの同盟国であるにもかかわらず（彼らの表現では「血の同盟」）、韓国は明確に除外され、対北朝鮮政策を除けば「インド太平洋戦略」に一言も触れられていない点は注目に値すると思います。韓国が行なっているコウモリ外交は、このような帰結を迎えてしまうかもしれません。

今後、もしこの枠組みが本当に日米同盟をも包含するのであれば、まさか日本国憲法がこのままでいいはずがないことなど、誰にでも理解できるはずです。価値を共有して寄り集まった国が、それぞれの国力に応じて応分の軍事負担をしなければいけないのは当然だからです。

中共の打ち出している「一帯一路」は、「現代版シルクロード経済圏構想」と謳っているようですが、これまでの中共の所業を見る限り、彼らは市場を限定的に開放するか、アクセスするチャンスを与える代わりに、自らの影響力を強め、やがて軍事的にも取り込んでいこうとするに違いありません。今後、日米印豪四カ国、さらに台湾や、中共を恐れる東南アジア各国、さらにヨーロッパなどとの協力関係がどうなっていくかを見守っていきたいですし、日本人にとっては絶好の機会とも言える昨今の状況をどう生かすのか、積極的な関与を期待したいところです。

正義なき中共はいずれ必ず自壊する

世界にウソ八百をたれ流し、日本を貶め続ける中共ですが、私は期待を込めて、そんな国はいずれ必ず、経済的にも政治体制的にも破綻し、自ら壊れていくと予言します。ただし、その道のりは長いものになるはずです。

中共という特殊な国は、もともとうまくいかなかった共産主義型のピラミッドから、下部の計画経済をすべて切り離し、そこに資本主義型の経済を接合したものです。枠組みとしては引き続き共産党が支配する国であり、軍や治安部隊はすべて共産党の下にありながら、経済活動だけは「限定的に自由に競争せよ」という仕組みを作り、海外から技術と資本を呼び寄せて、急速に発展してきました。

世界史を見る限り、通常であれば、経済が自由化すると理不尽な搾取を続ける支配層や、民主主義的なプロセスに支持されていない為政者は失脚する運命にあります。しかし中共はその歴史をよく知っているからこそ、決して経済発展が民主化に結びつかないよう、前もって手を打っているわけです。

この仕組みは、あたかも中国国内にふたつの階層があるような構造になっているわけです。中共の党員約九〇〇〇万人が、残り一三億人の人民を、世界における一般的な民主主義の負託を受けることなく理不尽に支配し、甘い汁を吸い上げているわけです。

人民はもっと怒ってもいいはずですが、いまのところは中共のコントロールが有効に働いています。というよりも、まだ大半の人民は、怒りを感じるところまで行き着いていないのではないかと思います。

中国を旅行した多くの日本人が、「食べ物は美味しく、人々は親切で楽しく観光できました」というような感想をSNSなどで発信しています。確かに、中国人民と直接ふれ合った人はそう感じるかもしれません。しかし、この現象は、日本における「反中共」的な雰囲気をかき消し、中共の恐ろしさを矮小化《わいしょうか》していく考え方と背中合わせにもなっています。

一般の人民であっても、誰もが急速な経済発展の恩恵を多かれ少なかれ受け、個人の実感としては豊かになっているのです。それは高度経済成長の世の中では当たり前のことです。政治に興味を持つことが制限され、参加するすべも、政治教育を受ける機会もない中国人民です。自分や身の回りの生活がよくなったというミクロ的状況をもって、中共を支持するか、支持はしないまでも好印象を持つか、万が一、本音では中共が嫌いでも口をつぐみます。せっかく経済発展しているのですから、長いものに巻かれて金儲けしているほうが利口なのです。巨大な中共に楯突いてもお金にはなりません。

しかし、長期的な視野に立って見れば、私はこうした支配がうまくいかなくなるときが必ず来ると思います。

共産主義に対する資本主義の最も大きな武器のひとつは、自由な競争が生むイノベーションでした。中共はピラミッドの下部に資本主義を導入することでこの武器を手に入れようと必死ですが、上部には中共自身という「資本主義にとっての余計なコスト」が常に乗っていて、自由を阻害するわけです。その証拠に、中共が許さないことは、どんなに経済発展に資することであろうと、決して存在を認められません。インターネットを介した自由な情報交換も、正しい歴史を知ることも、よりよい政治体制を考えることもできないわけです。

中共の目的は、人民を豊かにすることではなく、中共の国内支配を確固たるものにし、「中華民族」の名を借りて世界に進出することです。中共が強固になる過程で、人民は中共の利益に貢献する限りにおいて、ついでに豊かにさせてもらえるだけです。

このような国が、かつて世界史に存在したことはありません。あのソ連ですら、経済的には失敗したのです。したがって、私が中共の将来を論じるのは僭越《せんえつ》なのですが、アメリカも優秀な中国人のブレインドレイン（能力の流出）の恩恵を受けている現状を見る限り、多くの中国人民が愛国心、愛党心をもって中共の未来を支えていくとは思えないし、また中共の側でも「そんな人間は戻ってこなくても構わない」と考えているようです。贔屓目《ひいきめ》に見ても中国の人々が本来持っているポテンシャルは、現時点ではおそらく最大限には発揮されていないでしょうし、これからもそうでしょう。ただ、現状は楽しいだけなのです。

そんな国が、これから世界の大国として、イノベーションを先導できるでしょうか。外国から持ってきた、あるいは盗み出した価値で満足できているのはいまのうちで、貿易戦争の帰結としてすでに傾向が見えているとおり、やがて成長率が鈍化してきます。いい加減な公共投資で空き家の山を築き、ただでさえ環境汚染まみれの国内を抱えたまま経済成長が鈍ってくれば、人民は次第に不満を抱くようになります。それでなくても、一人っ子政策という失策で、これからの中国は急速な人口減と労働力不足に向かうのです。

人民の不満に、中共は統制の強化で応えるでしょう。歴史は繰り返すものなので、場合によっては深刻な人権侵害や、殺戮も発生するでしょう。香港もいまのままではすまなくなるかもしれません。それでもなお人民がひるまなくなったらどうなるでしょうか。

豊かになればなるほど、人民は自己主張を始めるものです。希望を込めて、やがて、必ず統制しきれずに混乱状態を招く日がきます。そのとき中共が「偉大な中華民族」の団結を叫んだとして、人民はついてきてくれるのでしょうか。彼らの愛する故国は、中華人民共和国なのでしょうか。アメリカに歯が立たず、香港の収拾もできない習近平の最近の「失敗」は、早くもこうした将来を暗示しているかのようです。万全の体制を築いたかのように見えますが、やがて中共内の権力闘争が起こらないとも限りません。

こうした状況になるのが、一〇年後なのか、五〇年後なのかはわかりません。でも、いつかは必ずそうなるし、できるだけ早くそうなることを願っています。

日本は韓国にできることはすべてしました

韓国人の反日に対しては、突き放したような言い方になってしまいますが、もはや日本にできることは多くありません。二〇一九年はそのことを痛感する年になりました。国際的に間違っているのは韓国なのですから、向こう側が根本的にスタンスを変えない限り、基本的には放置し、無視すること。そして、文在寅政権のひどい上から目線の発言をいちいち相手にせず、「慰安婦合意を守ってほしい」「国際法に違反している状態を正してほしい」と言い続け、要所だけを締めることです。

少なくとも日本は、旧宗主国としても、隣国としても、大した理由もないのに何度も重ねて謝罪し、できることはすべてしてきました。それを韓国人すべてが知らないとは思いませんが、理解しているのは少数派であることは間違いなさそうですし、そのうえ韓国内には日本に有利になるような発言をしにくい雰囲気が濃厚にあります。

そして、「謝ってくる相手は下に見てもよい」という儒教的な考え方からなかなか抜け出せないでいるのも、韓国の悪しき特徴です。そもそもただでさえ、東方に位置し中華の外にある日本は、朝鮮から見れば野蛮な国なのです。そのくせ上位の朝鮮に非道を働いた日本が何度謝ろうとも、どれだけ賠償しようとも認めるわけにはいきません。ずっとこの調子です。しかし機会があるごとに「ひざまずいて謝れ」と言うのなら、もはや彼らにかける言葉は何もなくなってしまいます。

なかには、「こうした考え方を持つ韓国人は一部だ」と言う人もいます。確かに不買運動の前までは、多い年で人口の一五％が日本を訪れ、海外旅行先としても日本が最も人気だったというのですから、あまり気にしていない人も増えてきているのでしょう。それならば、そろそろ無邪気で無神経な反日は止めてほしいものですし、いい加減、国内のガス抜きに反日を使うのもやめていただきたいものです。いったいいつまで無駄でくだらない不買運動にのせられ、反日中毒でい続けるのでしょうか。結局、彼ら自身が気づかない限り、事態は改善しないでしょう。

ところで、韓国の反日を無視したほうが、日本にとって結果的にメリットが大きくなる理由がもうひとつあります。

慰安婦問題や徴用工問題などを取りあげ、しつこく強烈に反日を煽り、活動している左翼勢力にとって、「反日」は何も日本に対する反感を表わす行為とばかりは言えません。いや、むしろそれ以上に、実は日本と是々非々で付き合ってきた保守派（とはいえ都合が悪くなれば反日になります）を攻撃するための材料という意味合いが強い。したがって、日本が必要以上に左翼の「反日」に反応すると、かえってその価値や存在感が高まり、彼らを利してしまうリスクがあるわけです。だから、無視するべきなのです。

韓国で「親日」といえば、「日本が好きで日本の情報に詳しい人」という意味ではなく、併合時代に日本側に立っていたり、日本からメリットを受けたりしたような人を指す言葉です。要するに「売国奴」を意味します。単なる日本好き、日本に詳しい人は「知日派」と呼んでいます。そして、反日を煽るなかで誰かを「親日派」呼ばわりをすることは、相手の政治生命を奪う有効な攻撃方法なのです。二〇〇五年に「親日反民族行為者財産の国家帰属に関する特別法」というとんでもない法律を作ったのも、左翼で文在寅の「兄貴分」である盧武鉉政権時代です。このような、法の不遡及《ふそきゅう》の原則に明確に反している法律まで作って、保守派を攻撃する材料にしているのが、韓国の左翼なのです。

私たちは日本の左翼を相手にするだけでも精一杯で、韓国の左翼に気を遣っている暇などありませんが、韓国の現状を眺めると、そうとばかりは言っていられません。いまだ韓国では、露骨に金正恩にラブコールを送り続け、日本に「対抗」するためならGSOMIAを破棄してアメリカを怒らせても構わないと考えている文在寅が強く支持されていることからもわかるとおり、一般国民が左翼に扇動されている状態が続いています。このままでは、左翼化した韓国が中共と手を組んだり、北朝鮮に乗っ取られる素地を作ったりしかねません。

そして、その流れは巡り巡って、日本を危機に陥れかねません。激しい「反日活動」をいなしながら、なんとか左翼のおかしさから韓国人に目を覚ましてもらうには、少しやり方を工夫しなければならないのです。

韓国人が思い込んでいる「正しさ」を相対化する方法

中共の反日が、すでに国を支配している組織による世界征服のためのステップだとすれば、いちおう民主主義である韓国の反日は、あくまでも国内政治闘争のなかの一コマです。

ということは、普段から「親方の中共はあれこれ宣伝をするものだ」と割り切っている中国の人民のほうが、反日を相対化できていて、むしろ普通の韓国人のほうが、より単純に、純粋に、反日の主張内容を信じている可能性があります。

そうした韓国人に、日本人が正面から「あなたたちはおかしい」と言っても、おそらく聞く耳を持たないでしょう。

理想論を言えば、韓国人自身が、自分たちの思い込んでいる「正しさ」を自ら検証し、自ら批判することを望みたいものです。

私は韓国が、自国の歴史の重要な部分を作り話にしてしまっている点がどうしても嫌なのです。それがまだ、自国で完結する話だけならいいのです。外国、特に日本に関する歴史であれば、どれだけファクトを無視し、史料を恣意的に読み、事実を作り変え、脚色を加えようと、それが自国の名誉と正当性を強めるためならば許されるという思考回路自体が、法律家として受け入れられません。日本がしたことは一〇〇％悪でなければならないとか、大韓民国は一九一九年にできて、韓国国民が自ら日本軍と戦ったうえで勝ち取ったのでなければ、韓国という国家や朝鮮民族の威厳が保てないと考えているのであれば、結局、そこにある学問も民主主義も民族も、永久に未熟さから脱せないことの証拠にしかなりません。

韓国人のなかには、こうした韓国国内の風潮をよくないと思っている人もいます。一九年に、これまでの韓国の歴史認識を事実とデータで批判した書籍『反日種族主義』（李栄薫ほか著、邦訳版：文藝春秋）が韓国国内でベストセラーになったのも、それを示していますす。しかし、それはあくまで心の内でだけで、多くの人が注意深く表には出さないようにしています。誰に批判されるかわからないため触らないようにしているのです。民主主義の大切な基礎である言論の自由さえ、日本に関する話題では存在しないのです。朴裕河教授の裁判を思い出してみてください。たとえは適当ではないかもしれませんが、いまの韓国の状況が、私にはクー・クラックス・クラン（KKK）の行なっているリンチと重なってしまうのです。しかも韓国ではそのようなリンチが怪しげな民間団体ではなく、検察と裁判所によって行なわれるのです。

韓国人が思い込んでいる「正しさ」を相対化するには、常にアメリカや国連を巻き込むことが有効です。必ず、彼らの行ないを世界的に第三者の視線に晒《さら》すことです。そうすることでしか、韓国人自らが、自分たちの行動のバカらしさに気づくことはないでしょう。

韓国に対する意見表明は、常時、国連で行なってみてもいいでしょう。もちろん、日本が積極的に反韓をする必要はありません。韓国政府がいわれなき反日をしてきたときだけ、粛々と、誰かが見ている前で、根拠をもとに冷静に反論すればいいだけです。韓国を説得しようと考えてはいけません。不毛で生産性のないやり取りに消耗するだけだからです。今後は、韓国の主張の不合理さを第三者に証明することだけに注力すべきです。

国際社会を引き込んで、日韓請求権協定や慰安婦合意を徹底的に守るべきだ

そういう意味では、一時私も落胆した二〇一五年の慰安婦合意は、実によくできていることになります。

日本側の非を認めたかのような内容には納得いかない人も多いでしょうが、アメリカをはじめとする国際社会の前で合意を交わし、互いを批判しない、慰安婦像の存在はよくないことだと国家として合意したのです。いくら韓国で「ろうそく革命」なるものが起き、「民主主義の勝利だ」などと言って政権が交代しようとも、今後韓国側がこの合意に反したときにだけ、日本は粛々と「合意に反している。二国間の国際合意は守るべきだ」と批判し続ければいいのです。断言しますが、日韓合意を公然と守らない韓国は、中共と北朝鮮以外のすべての国から信用されなくなります。韓国自身がそれを望んでいるのなら別ですが。

国連の利用法についてはあとでまとめますが、一七年一〇月、ユネスコ（国連教育科学文化機関）が中韓などの民間団体が申請していた慰安婦関連資料の『世界の記憶（世界記憶遺産）』への登録を見送ることになったのは、やり方として非常に有効だったと思います。一五年に中国が申請した「南京大虐殺の記録」は登録されてしまいましたが、日本政府が真正性への疑問を主張し、一時ユネスコへの分担金を留保したこともまた正しかったと考えます。中韓は「ユネスコの政治利用を許すな」などと批判していますが、その言葉はそっくりそのまま、彼ら自身に浴びせるべきでしょう。

あるいは、彼らの言うとおり、ユネスコをはじめとする国連機関はもともと「利用すべき場」にすぎないのです。そこで負けたほうが不利になるだけです。アメリカやイスラエルはユネスコには利用価値がなくなったと判断したから脱退を表明したのです。

ということは、日本も中韓に負けることなく、このような場では無視を決め込むのではなく、逆に徹底的に戦わなければなりません。その意味では、慰安婦史料における日本の「勝利」は、韓国人に慰安婦問題の真正性をもう一度検証してもらうための素晴らしい機会になったと思います。

それにしても、「慰安婦像」の乱造、設置は依然として続いています。日本大使館前の像が撤去される気配もないままに、釜山の総領事館近くにも新たに像が設置されてしまい、地元自治体も追認して国内法上の不法状態さえ容認されつつあります。そればかりか、そこに新たに徴用工像まで設置しようというのです。こうした韓国の行動は、国際法上も、日韓合意の精神からも、絶対に許されません。

元「徴用工」問題もまったく同じ構図です。しかもこちらは条約と協定によって確定していることであって、韓国側がこれを骨抜きにするのであれば、韓国が他国と結んでいるあらゆる条約や協定も、韓国側の勝手な理屈で破られかねないことを、日本は国際社会にもっとアピールしたほうがいいでしょう。

もうひとつ指摘しておきましょう。韓国の左派がさかんに主張している、日本の「植民地支配」は「不法行為」だった、したがってその間に行なわれた統治すべてが「不法行為」であり、いくら国同士で決着を得ていても民間人はそれに縛られず、損害賠償を請求できるという論理を受け入れる旧宗主国はどこにもないでしょう。

アメリカ、ヨーロッパの主要国は、多かれ少なかれかつて植民地を経営していました。植民地支配、あるいは植民地で行なわれていたことが、現在の感覚に照らしていいことだったかどうかは大いに議論の余地があるでしょう。しかし韓国の主張は、古今東西、五〇〇年近い歴史上のすべての植民地支配は「不法行為」であるから、旧植民地の民間人は現在価値に照らした損害賠償を請求できるという結論に直結します。これでは、これまでの秩序そのものが根底から変わってしまいます。そのような考えに賛成する国は皆無です。いかに韓国が世間知らずかを示すわかりやすい例でもあります。違った見方をすれば、むしろ韓国はこうした国際感覚の中で、日本から非常にたくさんのものを得ることに成功してきたわけです。

日本は韓国側の主張の荒唐無稽さを、こうした文脈で世界に発信しなければならないと

ソウルの日本大使館前に設置されている「慰安婦像」と。「国としての品格」を落とす行為を韓国はいつまで続けるのだろうか。
（小学館 SAPIO 編集部提供）

思います。

ただ、相手を間違えては時間の無駄です。現状では、日本が文在寅政権に向かってそう主張しても効果はありませんし、韓国の政権が日本の言うことを聞いて政策を転換させることなどありえないでしょう。ならば、むしろどんどん慰安婦像なり、徴用工像を造ってもらうほうがいい。造れば造るほど、韓国の「国としての品格」が国際社会で落ちていきます。韓国は、「国際公約を無視し、解決したと自ら発表したはずの条約や協定、合意を簡単にひっくり返す、信用ならない国」だと思われるだけです。

彼らは「日本は歴史を無視している」と

叫びますが、韓国は五〇年以上日韓関係の基盤となってきた日韓基本条約や請求権協定、そしてわずか数年前の日韓合意という歴史を無視しています。どちらが国際社会に非難されるでしょうか。

一般の韓国人が、国際社会から韓国が白眼視され始めていることに気づいたとき、初めて自分たちが「敗者」であることを理解し、「根拠なき反日」への自発的検証が始まるはずです。そのためには「武士の情け」をかけずに、徹底的に打ち負かす必要があります。

そして、日本にとって強いカードになるのは、親密化する日米関係と、冷淡化する米韓関係を有効に活用することです。そもそも、一九六五年の日韓基本条約も、二〇一五年の日韓合意も、当時いつまでも折り合いをつけられなかった両国に対して、東アジアの安全保障の見地からアメリカが決断を迫ったからこそ、一転して締結、成立したのです。

どうせ日本人が、安倍首相が韓国側に何を言っても効果はありません。ならばアメリカに、要するにトランプ大統領に、そしてアメリカの世論に言ってもらえばいいでしょう。「韓国は、政府が結んだ合意を自ら簡単に破る国なのか」とアメリカに言われたら、多くの一般韓国人にも、さすがに響くものがあるはずです。

韓国を中共に近づけてはならない

韓国は厄介な存在です。私は、いっそのこともう日本人は韓国に一切関わらなくていいのではないかと思うことすらありますが、冷静になって思い返してみると、この状況を最も喜ぶのは中共なのです。

日韓の歪んだ関係はいずれ正さなければなりませんが、その結果、中共の世界戦略を利するようなことがあっては絶対にいけません。多くの日本人にとって、韓国は腹立たしいことばかりする相手かもしれません。しかし、要するに負け犬の遠吠えですから、中共の脅威と比べれば実にどうでもいいことです。

二〇一七年一一月、中共と韓国は「関係の正常化」で合意しました。その実態は、「韓国がTHAADミサイルのこれ以上の配備はしない」「アメリカのミサイル防衛には参加しない」「日米韓軍事同盟は結ばない」という条件と引き換えだったようで、事実上韓国が一方的に中共の報復措置に屈した形です。中共側からは、韓国にさまざまな報復措置をとってきたことに対する謝罪の言葉さえありません。

こうして中国人観光客が韓国の観光地に戻り、韓国企業の中国でのビジネスが円滑になることで、韓国人は「よかった、よかった」と胸を撫《な》で下ろしました。実に近視眼的です。その直後、国賓として訪中したはずの文在寅は、滞在期間中わずか二回しか食事に招待されず、いわゆる「ぼっち飯」を強いられました。実に「中華思想的」な仕打ちです。韓国人は、目先の利益と引き換えに文在寅が何を売り渡してしまったか、ちゃんと理解しているのでしょうか。

もう一度強調したいと思います。韓国を中共に近づけてはなりません。目先の北朝鮮問題、そして今後長い時間に及ぶであろう中共の問題に対処するとき、いくら反日国家で腹が立つとは言え、韓国を日米から遠ざけて、みすみす中共を利してはいけません。

住宅地に住んでいれば、近所に気の合わない、いやな家族がいることもあります。それがどうしても我慢できなければ、引っ越せばいいという話です。しかし、国家は引っ越しできません。いやな隣国でも割り切ってお付き合いしなければならないこともあるのです。

中共の情報戦にあまりに無防備な日本人

中共は情報戦を得意としています。安倍首相が高い支持率を維持したまま歴史的な長期政権となっているいま、彼らの喫緊《きんきつ》の課題は、日本人の目をできるだけ改憲に向けさせないことです。

「九条を守っていれば戦争はない」「九条こそが平和を守る」「アメリカとの戦争に巻き込まれるな」――メディアや評論家にそう言わせて得をするのは中共です。

いったいいつ、安倍首相の口から「中国と戦争をしたい」とか、「平和を破りたい」という言葉が出てきたでしょうか。中共が自ら軍備を増強し、尖閣諸島や南シナ海での緊張を高めていることは棚に上げて、日本が改憲や法整備、防衛の充実を図ることを批判する人間がいるとすれば、それがジャーナリストや評論家、国会議員だとしても、中共の宣伝工作員と疑われても仕方ありません。

そして、もしすでに中共の手がメディアにまで伸びているのだとしたら、私はむしろ中共に拍手を贈りたい。日本人は、中共のアグレッシブな情報戦を見習うべきです。

かつて朝日新聞記者だった本多勝一《ほんだかついち》氏が認めているように、中共は海外マスコミに自分たちが有利な記事を書かせるよう昔からアプローチをしています。

アメリカや日本のように、報道の自由が確立されている国では、中共のように政権に配慮して記事を書く必要はありません。マスコミもジャーナリストも、自由に情報発信してよいのです。しかし、それを受け取る側の日本人は、マスコミやジャーナリスト自身が偏向しているかもしれないこと、そしてそこには、中共や北朝鮮、韓国の影響が入っているかもしれないということに、もっと注意を払ったほうがいいでしょう。日本人のいけないところは、「新聞やテレビが伝えているから」という理由で、その内容や言説をいとも簡単に信じてしまうことです。

とんでもない話です。マスコミが伝えていることが客観的事実であるかどうかなど、下手をすれば伝えているマスコミ側ですらわかっていないことがあるのです。マスコミの情報に接するときには、「○○新聞はこう書いていた」とか、「△△テレビはこう伝えた」という事実だけを受け取るべきです。

そうでなければ、沖縄では、プロ市民たちの言うことがすべて正しいということになってしまいます。できるだけ複数のニュースを読んだり、各メディアや評論家の評判を事前に把握したり、自ら背景を調べてみたりすることが必須です。

中共にとって、日本のマスコミやジャーナリスト、評論家に浸透して自己に有利な世論を形成させることは、戦争の準備行為そのものです。日本人はその点で、あまりにも無防備であり、無警戒です。

日本にも情報戦をしっかり戦ってほしいのですが、まずは情報発信・文化発信に、民間人の知恵やノウハウを導入することから始めてみてはどうでしょうか。外務省が『mofachannel』というユーチューブチャンネルを持っていて、竹島や尖閣諸島について海外発信していることは知っていますが、動画の再生数は驚くほど少ないです。日本が「南京事件」や「七三一事件」をどう捉え、慰安婦問題や徴用工問題、領土問題にどのような立場を取り、何を根拠に正当性を主張しているのか。クールジャパンもいいのですが、中共はもっと本気で、真剣に日本を攻撃しているのですから、日本も本腰を入れて、民間の有志の力も借りながら、国として総力戦のつもりで情報発信に取り組むべきではないでしょうか。

検索エンジンも情報戦に取り込まれている？

情報戦は、技術とともに日々進歩を続けています。中共はそれをよく知っていて、国内のネットを統制し、人民が中共支配の欺瞞にできるだけ気づかないよう神経を配っています。検索しても出てこない言葉があり、そもそもグーグルやフェイスブックなどにはアクセスすらできないのですから、恐ろしい限りです。

ただ、私は同じようなことを自由主義の世界でもやっているところがある点について指摘したいのです。

私の見る限り、先ほどあげたグーグルやフェイスブックをはじめとするネットの世界の巨人たちと、そこで働いている人たちは、非常に左寄りのカルチャーを持っているのです。

彼らのなかには、「嘘だ」「危険だ」「差別的だ」「攻撃的だ」「ヘイトスピーチだ」などといった恣意的な理由で、投稿を一方的に削除したり、アカウントを閉鎖したり、検索結果を隠したりする動きが始まっています。不適切なコンテンツが流れないために、ネット情報に一定の監視体制は必要だと思います。しかし、「不適切」とは何か。偏った個人的な視点に基づいて線引きを決め始めれば、やっていることは結果的に、中共のネット規制と似通ってくるのです。あるいは、偏向しているマスコミとも似てくることになります。

いまや、既存のメディアと同じかそれ以上に、インターネットのプラットフォームを通じて情報が認識され、やり取りされる世界になっています。その元締めであるネット企業は、世界的に、どんどん寡占化が進んでいるのです。すでに自由主義の基盤を担っていることに、あまり自覚がありません。それが結果として表現の自由、報道の自由を阻害し、下手をすれば中共の情報戦を招き入れる素地にさえなってしまいます。

しかも、公共機関でもマスコミでもないネット企業は、どのような基準、どのようなアルゴリズムでフィルターをかけているのか、一般の人にはマスコミ以上にわかりにくいのです。たとえばグーグルは、二〇一七年EUから初めて罰金を科せられました。グーグルショッピングを検索結果のページで目立つように表示し、マーケットを歪めたという、独占禁止法違反だそうです。

同じようなことを、ニュースや検索結果の扱いでは行なっていないと、誰が断言できるでしょうか。現実問題として、テレビ業界と同様、ネット企業はクレーマー（またはクレーマー集団）からの通報に非常に弱いです。

中共を批判することも必要ですが、世界の自由主義陣営は、ネット企業に対してチェック・アンド・バランスという民主主義の基本的な仕組みをどう適用するのか、そろそろ議論しなければなりません。現状、そのなかで線を引いているのは、国民の代表として選ばれた人ではないのです。彼らをコントロールできるのは、経営陣と株主だけです。

国連をもっと巧みに利用しよう

中共に見習うべき点はまだあります。それは、国連を巧みに利用するということ。彼らはその場を使って自らの主張、すなわち「反日」をアピールする場としています。

中共は何かにつけて「抗日戦争勝利」を主張しますが、実際に勝ったのは国民党であって、自分たちの手柄ではありません。建国したのは戦後にもかかわらず、今や棚ぼた式に安保理常任理事国の地位を手に入れ、戦勝国のように振る舞っています。

そんな国連を、日本人はいまだに、中立的で、平和と国際協調の象徴のように捉えています。日本人は戦後、占領軍が計画、実施した『WGIP（ウォー・ギルト・インフォメーション・プログラム）』によって戦争に対する罪悪感を刷り込まれました。そのなかには、日本人から国家主義を奪い取り、日本を国連主導の世界に従うよう仕向ける目的が含まれています。その効果はいまだに絶大のようです。

日本人は国連の実態を知らなさすぎます。国連の本当の姿は、一面では常任理事国同士の対立によって、さしたる成果をあげられない場所であり、もう一面では、ユネスコの項でも述べたように、国と国が真剣勝負を繰り広げる戦いの場なのです。

中共は、その本質をしっかりと捉えています。しかも戦勝国と安保理常任理事国の地位を横取りしたことで、日本よりも有利な立場にあります。

何度も指摘してきたことですが、念を押しておきましょう。国際連合（UN：United

国連安全保障理事会の閣僚級会議に出席する中国の王毅外相。「敵国条項」を持ち出す日がこないとも限らない。　(共同通信社提供)

Nations）とは、要するに第二次世界大戦の連合国を意味します。中国語の訳語は「連合国」そのものです。そして国連憲章には「敵国条項」があり、「敵国」には大戦中枢軸国だったドイツや日本、イタリアなどが含まれます。そして、これらの国々が終戦により確定した事項に反したり、侵略政策を再現する行動等を起こしたりした場合、国連加盟国や地域安全保障機構は、安保理の許可がなくても軍事制裁を課すことができるとされています。

「すでにこの取り決めは死文化している」と主張する人も少なくありませんが、なくなっているわけでもありません。中共は、この取り決めを根拠に、「尖閣諸島における日本の不法占拠は戦勝国である中国の領土を侵害するものだ」と主張すれば、日本を攻撃できることになります。そんなバカな、と思うでしょうが、中共が本当に、そして本気で尖閣諸島を取りにくるのであれば、自らを正当化するためにこの規定を持ち出し、国連憲章を利用してくる可能性を否定できないわけです。そして、中共軍が島に上陸して実効支配を始めたら、取り戻すのに、必ず軍事力が必要です。

日本は、国連が日本にとってそのような恐ろしい場であることを、忘れかけてしまっています。これは、「言霊《ことだま》信仰」のせいかもしれませんが、私に言わせれば知的怠慢です。

もちろん、現時点では中共が即座に戦争を仕掛けてくる可能性は低いでしょう。ただ、中共は沖縄の問題でも、南京の問題でも、慰安婦の問題でも、国連やその機関を巧みに使いこなしています。すでに南京大虐殺の史料は『世界記憶遺産』に登録されてしまいました。それをもって中共は、「ユネスコも南京の事実を認めた」と言い始めるのです。

日本は、国連を利用しなければいけません。国連は利用するところだと認識しなければなりません。トランプ大統領の国連総会での演説を思い出してください。国連総会の場で、国連をコケにし、国連の存在意義そのものを批判したのです。しかも、的《まと》を射《い》ています。

アメリカでは、民主党であろうと共和党であろうと、国連に何も期待などしていません。アメリカ政府で働く人たちの国連に対するイメージは、「腐敗した官僚の集まり」です。たとえるならば、イギリスがＥＵ政府に対して抱いている感情に似ています。改革できず、膠着したままで、要求ばかり突きつけてくる、何も役に立たないところです。だったら、せめて自分に有利になるよう利用するしかありません。言いたいことは言わなければなりません。利用できない場合は、無視していいのです。

中共の主張を逆手に取って声を上げろ

日本は、中共や韓国の繰り出す反日にいちいち付き合う必要はありませんが、こと国連の場では話が別です。彼らの主張が国際機関の合意にすり替えられないよう監視しながら、初めて中韓の一方的な主張に触れる世界の人たちが、決して勘違いしないよう、大きく声を上げなければなりません。

そもそも、国連やユネスコへ中共が歴史問題を持ち込むことは、かえって中共にとって痛手となる可能性があります。日本は中共の反日攻撃を学習しながら、最大限逆手に取って有効活用する道を考えるといいでしょう。

中共が「南京事件」を主張するなら、大躍進や文化大革命、チベットやモンゴル、ウイグルでの非道ぶりを、声なき人たちの代わりに主張しましょう。「七三一事件」を取り上げるなら、臓器狩りの問題や法輪功弾圧事件を追及しましょう。

これらのほうが、よほど確たる証拠が残っています。ユネスコにかけあって、『世界の記憶』に登録を申請しましょう。中共はこれほどまでにおぞましい行動を同胞に対して取ったという事実を、世界は記憶しておくべきです。

慰安婦問題がいけないのなら、ベトナム戦争で韓国軍が経営した慰安所の記録も登録すればいいでしょう。さらにライダイハン問題への誠意ある対応を、ベトナムの人たちとともに訴えましょう。

この手の問題を二国間で交渉するのは、ほぼ無意味です。第三者が見ている場で、客観的な証拠をそろえて、正当に主張すればいいのです。

国連の場は戦いの最前線です。中共や韓国に遠慮せず、あくまでストラテジックに、ゲーム感覚で戦ってください。反日を逆手に取って、相手の信頼や主張の信憑性《しんぴょうせい》を打ち消すことが、最も効果的な切り返しなのです。基本的に世の中をよくしようと思えば、本気で議論しないといけないのです。

異なった考えを公開の場で話し合わなければ、世の中はよくならず、国や民族として尊敬もされません。これまで日本人は、その謙虚さ、繊細さから、議論をせず、あるいは避けてきました。しかし世界では、議論に参加しない人間は「準備ができていない」「相手をバカにしている」「頭が悪い」などと受け取られ、プラスになることは何ひとつありません。この点では、アメリカ人と中国人の感覚は近いのかもしれません。

最近は、世界中で中共や韓国の主張がおかしいと思う人たちも増えてきました。彼らの主張があまりに強引で粘着質なために、第三国から見ているとおかしいと思うのでしょう。特にネットが発達し、情報や人々の意見が国境を超えて行き交うようになればなるほど、韓国と日本のどちらが民主的なのか、中共と日本のどちらが真実を言っているのか、アジア圏の外からもわかるようになるはずです。したがって、日本が声を上げることの有効性は高まっているのです。

日本人の覚悟が見たい！

最後に、この本で私が述べてきたことを、もう一度よく思い出してください。

中共は、自分たちの利権を守り、自分たちの党益を拡大させるためなら、自国の人民の命ですら何とも考えない非情な集団です。まして日本人など邪魔な存在としか考えていません。

いま日本が覚悟を決めなければ、東アジアの自由は風前の灯火《ともしび》となります。しかし、日本が勇気と覚悟を見せれば、多くの国が歓迎するでしょう。すでに成果も現れ始めています。何も怖がる必要はありません。日本はそれだけのことができる大国です。そして日本がこの地域の平和を中共から守り通したとき、本当の意味で、日本は戦後の抑圧された歴史を乗り越えられるでしょう。本当は白鳥の子どもなのに、「醜《みにく》いアヒルの子」として扱われた暗い戦後史を。

まずは、自分の国を自分で守る覚悟から始めましょう。誰かに守ってもらうのでも、期待してはいけない相手の平和主義に期待するのでもなく、自分の国を自分で守っていく気概を見せてください。いま、ほんの七十数年前まで世界最強の軍隊を保持していた日本人が骨抜きにされている情報戦の恐ろしさに、もっと思いを寄せてほしいのです。

これができなければ、日本はいずれ永遠に国家ではありえなくなってしまいます。

私はさんざん中共を批判しましたが、本当はそんなことを書いている場合ではないのです。この状況を生み出した犯人のひとりは、戦後の日本であり、日本人です。だから、責任を持ってこの問題に向き合っていかなければならないのは、日本自身なのです。

そのための憲法改正、そのための防衛力整備であり、そのための情報戦と国連の利用を始めてください。中国、韓国、北朝鮮以外の国々が、日本人の勇気と覚悟を歓迎してくれるはずです。

新書改訂版・おわりに

習近平を、改めて「偉大な皇帝」として褒《ほ》め称えましょう。彼は幻想にとらわれていた日本国民に、憲法前文のうたう「平和を愛する諸国民の公正と信義」が、実際は存在しない幻想であるという事実を、非常にわかりやすく示してくれました。

日本国憲法を自宅の警備にたとえてみると、これは「お札《ふだ》」に近いものがあります。お金持ちであれば、自宅の警備に警備会社のシステムを導入し、警備会社から社名の入ったプレートをもらって門や玄関先に掲示したりします。それを見た泥棒連中は、「そうか、この家に忍び込むとすぐセンサーが反応して、警備会社が駆け付けるのか」と思い、侵入を思いとどまるでしょう。

では、同じようなケースで、こんな手書きの「お札」が貼ってあったらどうでしょうか。

「私は治安を愛する皆さんの公正と信義を信頼しています」

泥棒なら、自分の心の中に「公正」や「信義」があるかどうかを確認することもなく、これは大変なラッキーだと考えて、早速忍び込むでしょう。あるいは多少手荒いまねをしてもいいと思うかもしれません。別に友達の家でもないのですから。

「偉大な皇帝」習近平は、その本当の意図を、うかつにも自分たちの実力が備わる前に、明らかにしつつあります。今後日本が中共と向き合う際、彼らが簡単に侵入できるような軍事力を手に入れてからでは手遅れです。彼らが手出しを諦める程度の抑止力を保有することは必須ですし、むしろそれこそが、東アジアを戦争から救う唯一の方法です。

アメリカはこれまで、日米安保体制の中で、ある意味日本を守る警備会社の役割をしてきました。

一方、トランプ政権の誕生は、アメリカ国民にとって必要のない軍備や戦争はもうしない、という考え方がアメリカで広く共有され始めたことを示しています。そのもっともわかりやすい例は中東への関与です。アメリカ自身が産油できるようになり、石油の需要そのものも減っているいま、自国生産と友好国からの輸入だけを確保できれば、あとはわざわざ危険極まりない地域で安全保障のコストを払う必要はありません。少なくとも、利益を共有しているはずの各国は、アメリカだけが過度な負担を強いられるこれまでのシステムにただ乗りすることをやめなければならないはずです。

アメリカは「世界の警察」をやめたわけではありません。ISISの首謀者を殺害したことはそれを証明しています。しかしその後油田の利権を巡ってトルコとクルド人勢力が争うことに関与しないというのは、まさにトランプ大統領らしいドクトリンです。そもそもトルコはNATOの同盟国です。

一九年九月、イスラム教フーシ派と見られる勢力が、サウジアラビアの石油施設をドローンや巡航ミサイルで攻撃するという事件が起こりました。トランプ大統領は軍事的報復措置を検討し、命令の準備までしていたそうですが、その攻撃によって相手側に一五〇人程度の死者が出るだろうとの予測を聞いて、攻撃を思いとどまったといいます。そのような泥沼に巻き込まれるのは割が合わないと考えたのでしょう。結局、代わりにサイバー攻撃を行なったのですが、これもまたトランプ時代の象徴的な例と言えるでしょう。

ホルムズ海峡の海上警備における「有志連合」もまったく同じです。なぜ日本はシンプルに参加しないのでしょうか。単独での派遣を検討するということですが、むしろ単独のほうが危険です。瀬取り対策や「航行の自由」作戦とまったく同様ではないですか。

国際秩序を守り、資源を確保するために、メリットを受けている国が応分の負担をして、国際的に助け合うことの重要さを、ここ数年で日本はよく学んだはずです。むしろ独自の派遣という判断が、石油を散々消費しているくせに身勝手な行動を取っていると世界から見られてしまったら、今後、恐るべき「戦争犯罪」国家である中共や、得体の知れない北朝鮮と向き合う際、日本に不利な状況を招きかねません。そこまで考えて判断しなければならないのです。

こうした現状を知りながら、憲法改正を議論しようともしない無責任野党は、それ自体が反民主主義的です。少なくとも日本の憲法は民主主義の元に、議論に基づいてできあがっているはずですし、もしそうなっていないのであれば早く正すべきです。しかし、その作業自体を拒否してしまうのであれば、これは民主主義そのものの否定です。

もはや、習近平と金正恩のおかげで、多数の日本人が憲法改正を真剣に考えなければならないという意識に変わりました。

改憲は戦後一度も経験のないことだけに、不安が伴うことは否《いな》めません。しかし、いまや中共や北朝鮮に対する不安のほうが、それを大きく上回りつつあるのです。いま真剣な議論がなければ、喜ぶのは中共や北朝鮮です。

中共との戦いは長く続くはずです。彼らが倒れる日まで、けっして手を抜いてはいけないのです。まずは、国際社会で堂々と声を上げるところから始めてください。多くの国々が、そんな日本に期待しているのですから。

二〇一九年一二月

ケント・ギルバート

切りとり線

★読者のみなさまにお願い

この本をお読みになって、どんな感想をお持ちでしょうか。祥伝社のホームページから書評をお送りいただけたら、ありがたく存じます。今後の企画の参考にさせていただきます。また、次ページの原稿用紙を切り取り、左記まで郵送していただいても結構です。

お寄せいただいた書評は、ご了解のうえ新聞・雑誌などを通じて紹介させていただくこともあります。採用の場合は、特製図書カードを差しあげます。

なお、ご記入いただいたお名前、ご住所、ご連絡先等は、書評紹介の事前了解、謝礼のお届け以外の目的で利用することはありません。また、それらの情報を6カ月を超えて保管することもありません。

〒101―8701（お手紙は郵便番号だけで届きます）
祥伝社　新書編集部
電話03（3265）2310
祥伝社ブックレビュー　www.shodensha.co.jp/bookreview

★本書の購買動機（新聞名か雑誌名、あるいは○をつけてください）

＿＿＿＿新聞の広告を見て	＿＿＿＿＿誌の広告を見て	＿＿＿＿＿の書評を見て	＿＿＿＿＿のWebを見て	書店で見かけて	知人のすすめで

★100字書評……中韓が繰り返す「反日」歴史戦を暴く

名前

住所

年齢

職業

ケント・ギルバート

1952年、アメリカ合衆国ユタ州出身。70年、ブリガムヤング大学入学。翌年、初来日。80年、経営学修士号と法務博士号、カリフォルニア州弁護士資格を取得後、国際法律事務所に就職して東京へ赴任。83年、クイズ番組に出演して一躍人気タレントへ。著書に『日本人が世界に尊敬される「与える」生き方』(曽野綾子氏との共著・ビジネス社)、『いい加減に目を覚まさんかい、日本人!』(百田尚樹氏との共著・祥伝社)など。

中韓《ちゅうかん》が繰《く》り返《かえ》す「反日《はんにち》」歴史戦《れきしせん》を暴《あば》く

ケント・ギルバート

2020年1月10日 初版第1刷発行

発行者………………辻 浩明
発行所………………祥伝社しょうでんしゃ
〒101-8701 東京都千代田区神田神保町3-3
電話 03(3265)2081(販売部)
電話 03(3265)2310(編集部)
電話 03(3265)3622(業務部)
ホームページ www.shodensha.co.jp
装丁者………………盛川和洋
印刷所………………萩原印刷
製本所………………ナショナル製本

Printed in Japan ISBN978-4-396-11593-7 C0231

〈祥伝社新書〉
この国を考える

587
いい加減に目を覚まさんかい、日本人！
日本人の平和ボケや国家意識の低さを危惧する二人が徹底討論！
百田尚樹
ケント・ギルバート

508
憂国論
戦後日本の欺瞞《ぎまん》を撃つ
対米従属が加速、日本はますます「堂々たる売国」に向かっている
政治活動家 鈴木邦男
政治学者・思想史家 白井　聡

351
英国人記者が見た 連合国戦勝史観の虚妄
滞日50年のジャーナリストはなぜ歴史観を変えたのか。10万部突破！
ジャーナリスト ヘンリー・S・ストークス

481
アメリカ側から見た 東京裁判史観の虚妄
「ヴェノナ文書」が明かす日米開戦の真実。アメリカで進む、歴史観の転換
評論家 江崎道朗

492
世界が認めた「普通でない国」日本
憲法9条は「ジャパニーズ・ドリーム」、天皇は「日本の良心」だ！
前・ニューヨーク・タイムズ東京支局長 マーティン・ファクラー

〈祥伝社新書〉
歴史に学ぶ

578
世界から戦争がなくならない本当の理由
戦後74年――なぜ「過ち」を繰り返すのか。答えは歴史が教えてくれます
ジャーナリスト 名城大学教授
池上 彰

361
国家とエネルギーと戦争
日本はふたたび道を誤るのか。深い洞察から書かれた、警世の書
上智大学名誉教授
渡部昇一

379
国家の盛衰
3000年の歴史に学ぶ
覇権国家の興隆と衰退から、国家が生き残るための教訓を導き出す！
東京大学名誉教授
本村凌二
渡部昇一

541
日本の崩壊
日本政治史と古代ローマ史の泰斗が、この国の未来について語り尽くす
東京大学名誉教授
御厨 貴
本村凌二

570
資本主義と民主主義の終焉
平成の政治と経済を読み解く
歴史的に未知の領域に入ろうとしている現在の日本。両名の主張に刮目《かつもく》せよ
法政大学教授
水野和夫
法政大学教授
山口二郎